伝道の法

The Laws of Mission

人生の「真実」に目覚める時

Living in the Age of the Mind
How to Become an Attractive Person
The Starting Point for Human Happiness
The Miraculous Power to Change the Era
To Awaken to the Power of Mercy
To the World We Can Believe In

RYUHO OKAWA
大川隆法

まえがき

今、自分が、光ある時を歩んでいることを、
自覚できる人は少ない。
世の中には、様々《さまざま》な災害や不幸が満《み》ち
あふれているからである。
しかし、私は、だからこそあなたがたに告《つ》げる。
「今がその時なのだ」と。
人類が苦悩の底にあえいでいる時、
神もまたそこに臨在《りんざい》する。

確かに、ここに『伝道の法』は説かれた。
それは「救済《きゅうさい》の法」であると同時に、
「愛の法」であり、
「許《ゆる》しの法」であり、
「真実《しんじつ》の法」でもある。
ここに疑問《ぎもん》への答えがある。
不可知論《ふかちろん》の山に、
一本のトンネルを打ち抜くがよい。

二〇一六年　十二月

幸福《こうふく》の科学《かがく》グループ創始者兼総裁《そうししゃけんそうさい》　大川隆法《おおかわりゅうほう》

伝道の法　目次

第2章　魅力《みりょく》ある人となるためには
――批判《ひはん》する人をもファンに変える力

第3章　人類《じんるい》幸福化の原点
――宗教心《しゅうきょうしん》、信仰心《しんこうしん》は、なぜ大事なのか

第4章 時代を変える奇跡《きせき》の力

――危機の時代を乗り越《こ》える「宗教」と「政治」

第5章 慈悲《じひ》の力に目覚めるためには

――一人でも多くの人に愛《あい》の心を届《とど》けたい

第6章 信じられる世界へ
――あなたにも、世界を幸福に変える「光」がある

あなたに贈る言葉⑤

真実の世界に目覚《めざ》めよ

この世は、真実の世界から見たならば、
ちょうど正反対の世界である。
あなたがたが、その目でもって見ている、
この世の世界というものは、
ちょうど、「池のなかを覗《のぞ》いて、
その水面《みなも》に、鏡《かがみ》のごとく映《うつ》っているわが姿《すがた》を見て、
自分だと思っている」のと、同じなのである。
あなたがたの見ている世界は、本当の世界ではない。

目の前にある、池の上に映った世界にしかすぎないのだ。

言葉を換《か》えるとするならば、
あなたがたが、
現実《げんじつ》であり、真実であると思っている、その世界は、
「真実の世界を映している、模倣《もほう》している、
その影絵《かげえ》にしかすぎないのだ」と、知らなくてはならない。
あなたがたは、
映画《えいが》のシーンを観《み》て、現実だとは思わないであろう。
同じように、真実の世界から、
この世界にて生きている、あなたがたを見ている、

霊的《れいてき》世界の者たちの目には、
あなたがたの実社会や学生の生活が、
映画のように見えているのだ。
それは、現実を模倣したフィクションの世界であるけれども、
そのフィクションの世界が、まさしく、
あなたがたが生きている、その世界そのものであるのだ。

あなたがたが真実の世界だと思っている世界が、
真実の世界ではなく、
あなたがたが夢幻《ゆめまぼろし》だと思っているところの、
昔話や、伝説《でんせつ》や、宗教《しゅうきょう》においてのみ、聞いたことのある世界が、

実は、本当の世界なのである。

――『目《め》覚《ざ》めたる者となるためには』より

第1章

心の時代を生きる

Living in the Age of the Mind

人生を黄金に変《か》える「心の力」

1 「心とは何か」が分からなくなっている現代《げんだい》社会

「心とは脳《のう》の一部である」とする現代の「常識《じょうしき》」

本章では、「心の時代を生きる」という一般《いっぱん》向けの題を付《つ》けてみました。仏法《ぶっぽう》真理《しんり》に初《はじ》めて接《せっ》する方には、「心の話」をしたほうが分かりやすいだろうと考えるからです。

やはり、宗教《しゅうきょう》の使命として、第一段階《だんかい》はこのあたりであって、「心の話」を通《つう》じさせるところから始めないといけないでしょう。「難《むずか》しい話はいろいろあろうけれども、そこまでは行けない」という人が多いのではないかと思います。

ただ、テレビドラマなどを観《み》ていると、「心とは脳《のう》の一部なのだ」ということを平気で言っているので、それが常識《じょうしき》になりつつあるのかもしれません。

こうなると、医学も、よいのか悪いのか分からない感じがします。人間を診《み》ているうちに、パソコンをいじっているように見えてくるのでしょうか。まるで、そうしながら、「この部分が心だ」などと言っているようなのです。

確《たし》かに、脳が壊《こわ》れたら機能《きのう》が失《うしな》われるので、そのようにも見えるのかもしれませんが、これは、「人間機械説《きかいせつ》」でしょう。ところが、こうしたことがけっこうまかり通っています。

また、分解《ぶんかい》的、分析《ぶんせき》的な見方をすると、電極《でんきょく》をつけたり、電気ショックを与《あた》えたりして、「ここを押《お》すと何が出てくるか」を調べ、「この場合は、こうなる」というようなことを言うわけです。

しかし、私たちには、どうしてもそのようには見えません。もし、そう見え始めたとしたら、いろいろなものが引っ繰《く》り返ってきているのだと思うのです。

要《よう》するに、学問にしても、実際《じっさい》の仕事にしても、「引っ繰り返った世界」を見ているのではないでしょうか。

高度な学問を勉強しているうちに、「心は、頭のこのあたりにある」と感じるのであれば、ここには何かの間違《まちが》いがあると思います。非常《ひじょう》に残念《ざんねん》でなりません。

勉強をしすぎた人が、「心というのは、頭の一部分にあって、コントロールをし、判断《はんだん》をしている」と思っているのであれば、やはり、何かがおかしいでしょう。

あるいは、「『心は胸《むね》のあたりにある』『もう少し下の、お腹《なか》のほうにある』などと感じる人が〝古代人《こだいじん》〟に見える」というのであれば、何かが倒錯《とうさく》していると思います。

つまり、心に響《ひび》くものが分からない時代に入っている可能性《かのうせい》があるわけです。

学問の世界に流れる〝汚染水《おせんすい》〟の正体

その意味では、非常に基本的《きほん》であり、初歩的《しょほ》ではありますが、ここは、宗教としての〝最初《さいしょ》の戦《たたか》い〟の部分だと思います。

もし、「心なんて、ない」と斬《き》ってこられたら、宗教としては、「開《ひら》く扉《とびら》がない」に近いでしょう。

「人間には、心なんかない。何を言っているのだ。脳の作用じゃないか。あれは、神経《しんけい》の作用だ。そんなものは、脳のあたりに電気作用か何かが働《はたら》いて、そういうふうに感じているだけなのだ」と、自分で言っているような人たちを説得《せっとく》し、その後の世界について説明するのは、とても難しいと思います。

ともかく、〝頭がいい〟という人が、だんだん、そのようになっていくわけで、仏教の言い方では、これは、「邪見《じゃけん》」、もしくは「悪見《あくけん》」という言葉になるでしょう。要は、正当な見方、正しい見方（正見《しょうけん》）とは違う、逆《ぎゃく》の見方に染《そ》まっているわけです。

「そういう見方が、正統派《せいとうは》の学問である」ということで固《かた》まっているのであれば、大変《たいへん》な間違いだと思います。

特《とく》に、日本の教育としては、「文部省《もんぶしょう》」と「科学技術庁《ぎじゅつちょう》」が一体になって「文部科学省」となったため、すべての学問に対して、科学的な見方がされるようになりかねません。その場合、いわゆる正見、正しい真理に基《もと》づく見方ができなくなる可能性があるわけです。

例《たと》えば、歴史《れきし》や宗教について、「考古学的な裏付《うらづ》けがないものは真実ではない」というようなことになれば、「神武天皇《じんむてんのう》などは、ただの伝説《でんせつ》だ」ということになるかもしれません。あるいは、「聖徳太子《しょうとくたいし》はいなかった」と言い出す人もいます。考古学的な証拠《しょうこ》というものは、それほど簡単《かんたん》には見つからないからです。

しかし、聖徳太子については、本人が訳《やく》したとされる書物《しょもつ》まであるわけで、そのほかにも、戦った相手も分かっていれば、系図《けいず》も遺《のこ》っています。奥《おく》さんの名前から子供《こども》の名前まで全部出ているのですが、そういう人に対してでさえ、「これは、つくられた人格《じんかく》であって、歴史上の存在《そんざい》ではない」などと言う学者が出てくるわけです。

その意味では、学問において、そうとう〝汚染《おせん》〟が起きているでしょう。そして、流れている〝汚染水〟は、基本的に、心というものや魂《たましい》というもの、あるいは、あの世の世界につながる考え方を否定《ひてい》していくものだろうと思います。これを突破《とっぱ》しなければいけません。

やはり、信者のみなさまがたも、伝道などにおいて、心の存在を相手にお伝えする際に、極《きわ》めて難しい思いをなされていることでしょう。

例えば、「心は存在していない」とか、「コンピュータのようにキーボードを叩《たた》きさえすれば、いろいろ変《か》わるものが心なのだ」とか思っているような人にとっては、感情《かんじょう》的な善悪《ぜんあく》の問題などは存在しないに等《ひと》しいわけです。要するに、「操《そう》作《さ》すれば、そうなるだけのことだ」と思っているのです。

確かに、「塩《しお》をなめれば塩辛《から》く感じ、砂糖《さとう》をなめれば甘《あま》く感じる」ということはあるかもしれません。しかし、人間の精神《せいしん》作用は、それほど単純《たんじゅん》なものではないでしょう。同じものを見ても、人によって違うように感じることはあります。

2 「心の力」で変《か》えられる過去《かこ》・現在《げんざい》・未来《みらい》

自分の心を変えることで未来は変えることができる

また、人間は、「考える力」によって、いろいろなものを変《か》えていける存在《そんざい》でもあるわけです。これは、「考え方次第《しだい》」ということでもあるでしょう。

例《たと》えば、人間の目には、水晶体《すいしょうたい》というレンズに当たるものがあって、これを調《ちょう》節《せつ》してピントを合わせます。ところが、それを「不随意筋《ふずいいきん》」という自由意志では動かせない筋肉で行《おこな》っているため、いったん目が悪くなった場合、もう治《なお》らないとされるわけです。要《よう》するに、コンタクトレンズを入れるか、眼鏡《めがね》をかけるかして、人工的に光の屈折率《くっせつりつ》を変えないかぎり、ピントが合わずに字が読めないなどと言われています。だいたい、こういう考えが蔓延《まんえん》しているのではないでしょうか。

ところが、私のように、自分の「思いの力」で水晶体や不随意筋を〝いじる〟人が出てくると話が変わってきます。「ああ、そうですか。じゃあ、ちょっと元に戻《もど》さなきゃいけない。戻れ、戻れ、戻れ、戻れ」と言っていると、一週間ぐらいしたら元どおりに戻ってくるようなタイプです。まるで、トカゲの尻尾《しっぽ》の再生《さいせい》のようですが、そういう〝再生力〟がある人間が出てくると、話は変わってくるでしょう。

実際《じっさい》に、「自分の体で、自由にならないところがあるはずがない。早い遅《おそ》いの違《ちが》いはあるにしても、本人が支配者《しはいしゃ》なのだから、『自分の体の一部を、このように変えたい』と思えば、そのとおりになるに決まっている」と思うことで、目が治ってしまうような人もいるわけです。常識《じょうしき》にとらわれている人は、かなり驚《おどろ》くでしょうが、現実《げんじつ》にそういうことはあります。

したがって、よく気をつけないといけません。実は、「真実がそうなっている」というのではなくて、「そのように教え込《こ》まれて、信《しん》じ込んだために、そうなっている」ということが、さまざまな現象《げんしょう》として起きているのです。

しかし、人間には、自分自身を変えていく力があります。もちろん、肉体も変わりますが、自分の心を変えることによって、いろいろなものが変わっていきます。つまり、「人生が変わっていき、人間関係《かんけい》が変わっていき、未来《みらい》が変わっていく」ということが起きるわけです。

そういう意味では、他人《ひと》から断定的《だんてい》に、「もう、おまえは終わったのだ。駄目《だめ》なのだ」などと言われて、「そうだ」と思ってしまってはいけません。「レッテル貼《ば》り」というか、スタンプでも押《お》したように、「自分は、こんな人間なのだ」と思い込んでは駄目なのです。

例えば、「自分は貧乏人《びんぼうにん》だ」というスタンプを押してしまい、「貧乏に生きるのが普通《ふつう》だ」と思っている人は、それ以上《いじょう》、変わりません。

しかし、「いや、どんな人にだってチャンスはあるのだ」と思っている人は違います。

やはり、「仕事で成功《せいこう》するには方法《ほうほう》があるはずだ。例えば、野球で成功している人をよく観察《かんさつ》して研究したら、今まで打てなかった球《たま》が打てるようになるかもしれない。それと同じく、お金儲《かねもう》けが得意《とくい》な人をよく観察すれば、何か秘訣《ひけつ》があるはずだ。自分の身近なお金持ちを見て、その人と自分との違いを観察しよう。そして、違いが分かったら、そのなかで、いいところはまねをしてみよう」と思うことが大切です。

また、「まねをしていったら、五年、十年するうちに、いつの間にか自分も同じようになっていた」ということは現実にあります。そのように、人生は変えていくことができるのです。

過去に遡《さかのぼ》って人生を黄金色に変えた松下幸之助《まつしたこうのすけ》氏

なお、私もこれまでは、「基本的《きほん》に、過去《かこ》は変《か》えられない。終わった歴史的《れきし》事実は変えられないけれども、未来は変えられる」と説《と》いてきました。確《たし》かに、一《いっ》般《ぱん》的な考えとしては、「過去は変えられないけれども、未来は変えられる」というのは、そのとおりでしょう。

しかし、宗教的《しゅうきょう》には、もう一段《いちだん》、ジャンプする余地《よち》があって、実は、過去であっても変えられます。過去は変えることができるのです。

人より少しだけ成功したとか、少しだけ出世したぐらいでは、過去までが変わって見えることはないのですが、人生が根本的に違ったように大きく成功への道に入った場合、過去もすべて美化《びか》されてくるのです。

松下幸之助氏《まつしたこうのすけし》にしても、幼少時《ようしょうじ》に苦労《くろう》をしています。父親が投機《とうき》で失敗《しっぱい》して、小学校も卒業《そつぎょう》できなくなり、丁稚奉公《でっちぼうこう》で大阪《おおさか》に出されました。学校も行けずに苦労して、いろいろこき使われ、雑用《ざつよう》をしながら、だんだん、自分で会社をつくっていったわけです。そして、三人ぐらいで始めた会社が大きくなって、やがて、何十万人も雇《やと》うような規模《きぼ》になり、世界に工場を出すまでになりました。

すると、今度は、「私が偉《えら》くなったのは、学歴がなかったからです」というようなことを、彼は平気で言うわけです。

こうしたことは、普通の人であれば言えないでしょう。少しだけ成功したぐらいの人には言えません。例えば、「小学校中退《ちゅうたい》だけど、やっと大学卒の人と同じぐらいの収入《しゅうにゅう》になった」というぐらいの人では、こうしたことは言えないのです。そのくらいの成功で、「私は、小学校を中退したから成功しました」と言うのは難《むずか》しいと思います。

ところが、小学校中退にもかかわらず、大学卒や大学院卒の人を採用《さいよう》して雇い、部下にして、製品《せいひん》をつくらせて、ほめたり、ボーナスを出したりする立場になったらどうでしょう。やはり、世界的に有名になり、「TIME《タイム》」の表紙を飾《かざ》ったりすれば、違うわけです。

「私は、小学校を中退して学歴がなかったから、成功できたのです」

「勉強していなくて分からないから、分からないことは人に訊《き》いて、自分より賢《かしこ》い人を使おうと思いました。そして、賢い人をどんどん登用して、能力《のうりょく》を引き出してやったら、こういうふうに成功したのです」

「自分は病気がちで休んでばかりいるから、自分が休んでもできるように人に任《まか》せて事業部制《せい》でやったら発展《はってん》しました。経営者《けいえいしゃ》がたくさん育って大きくなりました」

このような松下幸之助氏の言葉がありますが、現在がよくなるだけでなく、過去にも遡《さかのぼ》って、全部がザーッと変わってくるのです。

ネズミのキャラクターで大成功《だいせいこう》したウォルト・ディズニー

ただし、こうしたことは、成功《せいこう》のレベルによるのかもしれません。

例えば、ウォルト・ディズニーのような方でも、あれほど大成功してしまえば、「世界のディズニー」であり、ディズニーのことを知らない人は、まずいないと思います。電化製品が入っていない国や地域《ちいき》ではいるかもしれませんが、普通に電化製品が入っているようなところであれば、たいがいディズニーのことは知っているでしょう。

さて、そのディズニーに関しては、「若《わか》いころに貧《まず》しくてボロアパートに住んでいたため、穴《あな》からネズミが出入《でい》りしていた。彼は、そのネズミをジーッと見ながら、『これをキャラクターにしたら、どうなるか』と考え始め、ミッキー・マウスを思いつき、大金持ちになった」という伝説《でんせつ》的な話があります。

しかし、普通であれば、思いついたとしても、今で言う〝ゆるキャラ〟(ゆるいマスコット・キャラクター)ぐらいではないでしょうか。「ネズミのゆるキャラを売って、お金を儲けました」という程度《ていど》なら、個人《こじん》で商売をしても、ありえるかもしれません。

ただ、「自分の店で、世界で初《はじ》めてネズミのキャラクターの商品を売って、黒字になって儲かりました。そして、生活が楽になりました」というレベルでは、すべてが黄金色に輝《かがや》くことはないでしょう。

やはり、事業が大きくなって、ディズニーランドのようなものがたくさんでき、毎年、何千万もの人を動員するようになって、関連《かんれん》事業も次々と増《ふ》え、世界中に広がっていくようになると、違います。今度は、その「貧しくて、ボロアパートに住んでいて、ネズミと友達《ともだち》だった」ということが、すべての成功のもとに見えてくるわけです。

もちろん、一般的には、ネズミが出入りするような部屋に住んでいれば、そうはならないでしょう。例えば、司法試験《しほうしけん》に受からずに、司法留年《りゅうねん》をして、さらには、大学を卒業しても受からずに、三十歳《さい》まで、「また落ちた。また落ちた」とやっている人の場合、ネズミがチョロチョロしていれば、おそらく、「このネズミに邪魔《じゃま》されて、勉強に集中できなかったから、また今年も落ちてしまった。このネズミのせいで、いつまでたっても受からない」というようなことを言うと思います。そのように、同じ条件《じょうけん》でも変わるわけです。

ともかく、普通の状況《じょうきょう》をはるかに超《こ》えて大きな成功をした場合は、過去に遡ってまで、すべての経験が「光」になってくるということがあります。例えば、広島の原爆《げんばく》で身内を亡《な》くした方であっても、大きな成功をしたら、「おかげさまで、私はとても頑張《がんば》るようになった」というように、全部が変わるでしょう。あるいは、東日本大震災《だいしんさい》で身内を失《うしな》った方であっても、その経験を、自分が成功した原《げん》因《いん》として考えるようになるわけです。

そういう意味で、過去も現在も未来も、実は変えることができます。要するに、人間は、考えの力で、思いの力で、すべてを変えていくことができるのです。

3 「心の操縦法《そうじゅうほう》」を知らない現代人《げんだいじん》に伝《つた》えたいこと

心を認《みと》めないのは、ハンドルのない車に乗っているようなもの

実際《じっさい》に、心というものが実体としてあり、この心のあり様《よう》が、自分の人生を変《か》え、未来《みらい》を開いていきます。そして、その事実を知った人には、ちょうど、車のハンドル操作《そうさ》を覚《おぼ》えた人が道を自由に走れるようになるのと同じことが起きるわけです。

逆《ぎゃく》に言えば、「心がない」と思っている人は、ハンドルがあるのを知らずに車に乗っているようなものでしょう。

しかし、アクセルとブレーキだけで、ハンドルがない車に乗せられたら、たま

らないと思います。アクセルを踏《ふ》めば前には進みますが、そのままではどこかに激突《げきとつ》するでしょうし、ブレーキを踏んでも止まるだけです。これしかないのであれば、基本的《きほん》に運転などできません。まっすぐな道路を走り続《つづ》ける以外《いがい》に、方法《ほうほう》はないわけです。

しかし、自分の前にも後ろにも車がいるなかで、アクセルとブレーキだけしかない車でまっすぐに走り続けるのは「恐怖《きょうふ》」でしょう。私も、できれば避《さ》けたいと思います。

やはり、アクセルとブレーキは要《い》るにしても、ハンドルがあるために運転ができるようになるのです。

ところが、このハンドル部分を、「ない」と思っている人がいます。あるいは、「ハンドルを動かせるのは自分だ」ということを知らない人がいるわけです。

そのため、「あなたの思いで、今、そうなっているのですよ」と言われても、それに気がつきません。「あなたがハンドルを右に回せば車は右に曲がり、左に回せば左に曲がって、まっすぐにしたら、まっすぐ進むのですよ。『中道《ちゅうどう》』というのは、まっすぐに走ることを言うのです。仮《かり》に、ハンドルを右に回しても左に回しても、簡単《かんたん》に何かに激突するでしょう。どちらでもいいですが、死のうと思えば、すぐ死んでしまいますよ」と言っても分からないのです。

ただ、実際はそうであって、人間は、死のうと思えば簡単に死ねます。例《たと》えば、ハンバーガーだけを一年中食べ続けたら、体を壊《こわ》して死んでしまうでしょう。あるいは、ステーキでも同じだと思います。関係者《かんけいしゃ》がいたら許《ゆる》していただきたいのですが、たとえ、そのお店の方であっても、毎日は食べられないのではないでしょうか。それは、さすがにたまらないはずです。牛丼屋《ぎゅうどんや》で働《はたら》いているからといって、三食とも牛丼を食べ続けていたら、やはりどこかで病気にもなるでしょう。そのようなものです。

ともかく、たとえて言えば、「ハンドルとアクセルとブレーキがあって、自分という車を運転できているのだ。もちろん、ガソリン等の燃料《ねんりょう》を入れる部分もあれば、空調等の機能《きのう》も付《つ》いているけれども、基本的には、そういう感じなのだ。そして、運転している人間が『魂《たましい》』といわれる部分であり、車体の部分、乗っているマイカー自体は『肉体』である。この肉体の部分に魂が宿っているのであって、これが、車を運転している人間に当たるのだ」ということになります。

さらに、人間の魂のなかで、特《とく》に、考えたり、判断《はんだん》したりしているのが、いわゆる「心」という部分です。このような人生観《かん》が大切なのです。

私が数多くの霊言《れいげん》や教えを説《と》き続《つづ》けている理由

ところが、そうしたことを知らない人は、「オートマチックの車が、人工知能を載《の》せて、勝手に動いている」と考えているのかもしれません。あるいは、遠隔《えんかく》操作ができて、自分をその遠隔操作をしている車のように思っていることもあるでしょう。もしくは、「インプットされた情報《じょうほう》に基《もと》づいて目的地まで動くような車の、その機械《きかい》の部分が自分だ」と思っている人が大勢《おおぜい》いるわけです。

しかし、これは、現代《げんだい》教育によって生じた間違《まちが》いにほかなりません。こうした考え方を変えたほうが幸福になれるのです。

どちらの選択《せんたく》もできますが、自分自身が「幸福になるか、不幸《ふこう》になるか」の決定権を持っているのであれば、「自分にとってよいほうを選《えら》んだほうがよい」と述《の》べているのです。

「あの世などと言っても、そこへ行って帰ってきた人などいないじゃないですか。それを信《しん》じるなど、バカげている」と言う人もいるかもしれませんが、そんなことはありません。

私も、毎年毎年、あの世の霊人《れいじん》からの言葉や思想を数多く紹介《しょうかい》しています。さらに、その収録映像《しゅうろく》を上映していますが、私は漫才師《まんざいし》ではないので、演技《えんぎ》であのように延々《えんえん》とできるものではありません。

また、過去《かこ》のこととはいえ、私は東大法学部を出ており、あえて詐欺師《さぎし》の仲間《なかま》になるようなことをしなければいけない理由はないのです。今で言う大学入試《にゅうし》センター試験《しけん》（現・大学入学共通テスト）ぐらいのものであれば、片目《かため》をつぶってでも解《と》けるほどにはできましたし、どんな道でもしっかりと生きていける資格《しかく》や才能もあると思っています。

そのような人間が、「これは大事だ」と思い、それまでの仕事も辞《や》め、今、教えを説《と》いているのです。

したがって、人を騙《だま》さなければいけない理由など何もありません。それでも、そういうルートを辞めてまでも、「これを説かなければいけない」と思ったのは、「多くの人が間違った道を歩んでいて迷《まよ》っているから、これを救《すく》い出さなければいけない」と思ったからです。

そのために、今、教えているわけです。そして、本を出しているわけです。

説かれた教えがすべて記録《きろく》として遺《のこ》っている幸福の科学

なかには、すぐに人を疑《うたが》う人もいるでしょうが、私の場合、自《みずか》らがしようと思って行うというよりも、本当に天命《てんめい》としてこの道に入っています。

新しい宗教《しゅうきょう》のなかには、いわゆる詐欺、ペテンの類《たぐい》も数多くあるでしょう。ただ、そういうところはあまり大きくならず、小さいものが多いようです。一部には組織《そしき》的な知能グループのようなところもあるでしょうが、長い間には、やはり、評判《ひょうばん》や人の信用等を通して、いろいろと明らかになる面もあるのではないかと思っています。

私の説法《せっぽう》は、本として出しているだけでなく、ＣＤやＤＶＤ等でも出されており、すべて記録《きろく》が遺《のこ》っているので、何も隠《かく》していません。本にする際には、言葉がきれいになるように、「てにをは」等の直しを入れる程度《ていど》であり、基本的にはすべて遺っています。幸福の科学の第一回座談会《ざだんかい》（一九八六年十一月二十三日「幸福の科学発足《ほっそく》にあたって」。現在は『われ一人立つ。大川隆法第一声』〔幸福の科学出版刊〕に収録）から今までのものが遺っているので、インチキは一切《いっさい》ありません。証拠《しょうこ》があるのです。

よそのところのように、ほかの人にいろいろと書いてもらったりするようなこともなく、実体験したこと、自分で考えたことを書いています。

この実体験ということについても、昔の江戸《えど》時代のころであれば、農家のおばさんなどに、突如《とつじょ》、霊の声が聞こえてきて、「神様がかかってきた」などというのがよくあるパターンでしょうが、私の場合は、いちおう、この世の学問をキチッとした上で、「これは、確実《かくじつ》にある」と、理性《りせい》・知性をもって判断して出しているものなのです。

「幸福の科学から出ているものは、非常《ひじょう》に知性的で、論理《ろんり》的で、合理的だ」とも言われています。その意味では、当会には理系《りけい》の方も大勢来ていますし、社会的に知性のある方も数多く集《つど》ってきています。

それどころか、経営者《けいえいしゃ》がテキストとして使っているケースも数多くあります。経営そのものについて教えるとともに、人間の心のあり方について説いています。この「人間学」の根本《こんぽん》のところを教えていることが役に立っているわけです。

「生き通しの人生」という真実を知る

したがって、「心などない」と言う人に対しては、「いや、そんなことはないですよ。そう考えるのはあなたの自由ですが、それは、自分を機械の一部のように考えることであって、ものすごく卑下《ひげ》した自己像《じこぞう》なのですよ。『人間の体は機械のようなもので、心は、そのなかのどこかで動かしている部分だろう』と思うような、そんな人生観で本当にいいのですか」と、どうか、粘《ねば》り強く伝《つた》えてほしいのです。

現代には、「死んだら、もう何もかも終わりだ。あとは、亡骸《なきがら》を焼《や》いて灰《はい》にして、投げ捨《す》ててもいいし、海に撒《ま》いてくれてもいい。まあ、好《す》きにしてくれ」というような感じで、この世だけの幸福論になっている人がたくさんいるわけです。

私が「心」というものを説く理由は、「人間の本質《ほんしつ》というのは生き通しなのだ。生き通しの人生なのだ」ということにあります。

「自分には、『生まれる前の過去』もあったけれども、『死んでからあとの未来』もあるのだ。そのような『生き通しの人生』である」ということを考えないと、これが本当だったときに、知らなかった人は大変《たいへん》なことになります。一方、このことを知っていて人生を生きるならば、やはり、非常に価値《かち》のある人生を生きることができます。これは大事なところです。

心の存在《そんざい》から魂の存在のところへ考えが至《いた》らなかった人は、「人生はこの世限《かぎ》りで、死んだら終わりだ」というように思っているため、「あとは、相続税対策《そうぞくぜいたいさく》と、遺された家族の処理《しょり》だけをすれば終わり」などと考えているのかもしれませんが、それで〝終わり〟ではありません。そこからが、また〝新しい始まり〟になるわけです。

つまり、「生き通しの人生」なのです。


人生約《やく》三万日、この大事な一日一日で何をなすか

今世《こんぜ》、生きている時間は二万日から三万日ぐらいです。わずか、その程度のものなのです。たくさんあるかと思えば、それほどにはありません。三万日も生きたならば、八十歳《さい》を超《こ》えます。

私も、すでに二万日ほど費《つい》やしてしまいました。「残《のこ》りはあと幾日《いくにち》かな」と思っていますが、二万数千日ぐらいが普通《ふつう》の人生なのです。「残っているのはあと何日か」と考えると、一日一日、毎日毎日、消えていくわけです。三万日はなかなか超えられません。そのように、一日一日が消えていきます。

したがって、「この一日一日で何をするか」ということは、たいへん重要なことです。今日一日を無駄《むだ》にしないことは、非常に大事なことなのです。

私と近い年齢《ねんれい》の人は、過去、すでに二万日は使っているはずです。まだ若《わか》い人もいるでしょうし、もっと行っている人もいるでしょうが、「三万日はなかなかそう簡単に超えられない」ということは考えなければいけないと思います。

そうすると、一日一日がとても大事なものになるわけです。毎日毎日を大切にしていかなければいけないわけであり、「この毎日毎日をどう生き切るか」ということが、極《きわ》めて重要なことになるのです。

そういう意味では、哲学《てつがく》や、仏教《ぶっきょう》における禅《ぜん》なども、結論《けつろん》的には似《に》た考え方もあるでしょう。そういうところもあると思うのです。

4　日々、自己変革《じこへんかく》をして生きよ

「空を飛《と》べなくなった野《の》ガモ」の話

百年以上前の人になりますが、デンマークのキルケゴールという哲学者《てつがくしゃ》は、こんな話を紹介《しょうかい》しています。

その国のある地方には、毎年、渡《わた》り鳥の野《の》ガモが飛《と》んでくる所があり、親切な老人《ろうじん》が餌付《えづ》けをしていたそうです。ところが、栄養《えいよう》のある餌《えさ》をもらえるものだから、野ガモたちの一部は、寒くなったら南のほうへ飛んでいくという習性《しゅうせい》を忘《わす》れ、だんだん太っていき、飛べなくなってしまったといいます。

ところが、ある日、その親切な老人がコロッと亡《な》くなってしまったのです。それで大変《たいへん》なことになりました。実は、太った野ガモたちは空を飛べなくなっていたため、「さあ、困《こま》った。どうしよう」ということになったのです。彼らはすでに渡り鳥の習性を失《うしな》ってしまっていたわけです。

そして、雪解《ゆきど》け水が洪水《こうずい》のように流れてきたときに、溺《おぼ》れて死んでしまったということです。

「野ガモの話」を紹介《しょうかい》した実存主義哲学者《じつぞんしゅぎてつがくしゃ》・キルケゴール

ちなみに、この話を紹介《しょうかい》したキルケゴールは、生きていたときにはあまり有名ではなく、無名《むめい》に近かったのですが、後《のち》に、ドイツのハイデガーという哲学者《てつがくしゃ》が有名にしました。哲学においては、いわゆる実存主義《じつぞんしゅぎ》哲学の始まりのところになります。

キルケゴールという方は、もとは家のお手伝《てつだ》いさんだった女性との間に生まれた子供《こども》であり、病気も持っていたということで、ある意味では不幸《ふこう》な生《お》い立ちという見方もあるかもしれません。

また、晩年《ばんねん》には「瞬間《しゅんかん》」という題の教会批判《ひはん》の冊子《さっし》をつくっていました。

「君たちは、もう手遅《ておく》れだ。月曜日から土曜日まで、毎日、ぐうたらぐうたらと堕落《だらく》した生き方をしていながら、『日曜日だけ教会でお祈《いの》りをしたり心を清《きよ》めたりしたら、いいところへ行ける』などと思っているなら間違《まちが》っている。人間は、毎日毎日が大事なのだ。月曜日から土曜日まで怠《なま》けていて、日曜日だけで救《すく》われると思っているのか」などといった調子で教会を批判していたのです。

そんなことをしていたある日、路上で行き倒《だお》れになって、悲惨《ひさん》な最期《さいご》を遂《と》げました。

これが実存主義哲学の始まりにいた人ですけれども、今述《の》べた野ガモの話などが有名です。

「飼《か》いならされた野ガモになるな」というＩＢＭ精神《せいしん》

さらに、この話を、ＩＢＭという大会社をつくったトーマス・ワトソン親子のジュニア（息子《むすこ》）のほうが引用しています。

「飼《か》いならされた野ガモのようになるな。人から餌をもらって食べているうちに、飛んでいけなくなるようになっては駄目《だめ》だ」というように、野性味《やせいみ》を失わないことの大切さを、ＩＢＭの精神《せいしん》として説《と》いています。

要《よう》するに、「『現状《げんじょう》では食べていけるから、これでいい』と思うような生き方をしていたら駄目だ。いつ危機《きき》が来るか分からないし、いつ潰《つぶ》れるか分からない。だから、危機感を持って生きなさい。毎日毎日が真剣《しんけん》でなければいけないし、毎日毎日がイノベーションでなければいけない。そういう野性味、危機感を持って、毎日を生き抜《ぬ》かなければ駄目なのだ。一生懸命《いっしょうけんめい》生きなければ、未来《みらい》はない」というようなことを言っていたわけですが、それもあって、ＩＢＭは世界的な企業《きぎょう》になりました。

日々に精進《しょうじん》し、自己変革し、課題《かだい》に挑戦《ちょうせん》し、環境《かんきょう》の変化に耐《た》える

このような考え方は、みなさんにとっても大事なことであると思います。

「今、これで生活が成《な》り立っているから大丈夫《だいじょうぶ》だ」と思っていたとしても、いつ、その生活が何らかの外部的事情《じじょう》、例《たと》えば、ライバル店の出現等、さまざまな状況《じょうきょう》によって変《か》わるかは分かりません。また、大手の企業にしても、今、どんどん潰れていっています。トップメーカーであっても潰れかかっているところはたくさんありますし、現に潰れたところもあります。ほかにも、外国のライバルが出てき

たり、国内のライバルにやられたりすることもあるでしょう。

今、世界を席巻《せっけん》しつつあるユニクロ（ファーストリテイリング）のようなところにしても、もし、一ドル百五十円になれば潰れるでしょう。以前は円高だったために、外国に数多くの出店《しゅってん》をしても安くできていたのですが、これが一ドル百五十円になったら潰れるはずです。

トヨタのように輸出《ゆしゅつ》で儲《もう》けられるところであれば、為替《かわせ》レートが一円安くなると、百億円《おくえん》ぐらい儲かったりすることもありますが、安売り店などは潰れ始めます。円高対策《たいさく》に、海外で現地生産《せいさん》をするようにしたところなどは潰れるようになるので、どうなるかは分からない面があります。

したがって、「野ガモ精神」を忘れてはいけません。ここが非常《ひじょう》に怖《こわ》いところであり、そういう危機感を持って人生を生きなければいけないというところでは同じだと思うのです。

やはり、みなさんも、いつもそういう気持ちを忘れてはなりません。「日々精《しょう》進《じん》する気持ち、日々自己変革《じこへんかく》をし、新しい課題《かだい》に挑戦《ちょうせん》し、環境《かんきょう》の変化に耐《た》えていこうとする〝遺伝子《いでんし》〟」を持たなければ、もはや、人間個人《こじん》としても、あるいは組織《そしき》としても、生き残《のこ》ることはできないのです。

永遠《えいえん》と思われてきた宗教《しゅうきょう》の世界が直面する「消滅《しょうめつ》の危機《きき》」

「宗教《しゅうきょう》は永遠《えいえん》だ」と思われていても、幾《いく》つかの宗教を見るかぎり、消えつつあるところも多々あるようです。

今、幸福の科学では私の説法《せっぽう》を全国各地《かくち》で衛星中継《えいせいちゅうけい》していますが、中継地の近くにある宗教のなかには、「いつ、幸福の科学に滅《ほろ》ぼされるか分からない」と思って震《ふる》え上がっているところもあるでしょうし、すでに〝消えた宗教〟もあるでしょう。

幸福の科学が立宗した一九八〇年代は新宗教が数多く出てきた時代でした。七〇年代、八〇年代当時には次々と宗教が現《あらわ》れ、ライバルもたくさんいましたが、この三十年間のなかでそうとう淘汰《とうた》されて消えていきました。

すなわち、世間《せけん》でははっきりと評価《ひょうか》していないものの、やはり、「残って大きくなるところ」と「消えていくところ」とが出てきているわけです。それは、厳《きび》しいことではありますが、宗教の世界でも同じなのです。

ただ、古い宗教にしても、「今、頑張《がんば》らないと、なかなか生きていけない」ということを、いちおう意識《いしき》はしているようです。

例えば、戦後七十年に先立ち、浅草《あさくさ》の東本願寺《ひがしほんがんじ》（浄土真宗《じょうどしんしゅう》）のようなところでも、渡部昇一《わたなべしょういち》氏《し》を呼《よ》び、入場料《りょう》無料で講演《こうえん》を開催《かいさい》したりしていました。

実際《じっさい》、親鸞《しんらん》系統《けいとう》の教えで戦後七十年をどう評価するかといっても、全然《ぜんぜん》分からないでしょう。「阿弥陀《あみだ》様、どうにかしてください」と言う以外に方法がなく、自分たちではできないからか、評論家《ひょうろんか》等を呼んでタダで講演会を開いたりしているのです。

その点、当会は自前《じまえ》でいろいろと意見を言うことができるわけです。

「今までは大丈夫《だいじょうぶ》だった」という〝安全神話〟の見直しを

先ほど述べた、老人に餌をもらっていて飛べなくなった野ガモの話なども、国の体制《たいせい》に関《かん》する〝たとえ話〟として持っていくこともできるでしょう。

アメリカという〝親切な老人〟が、栄養のある餌を日本という〝野ガモ〟に一生懸命くれるので、日本はそれを食べるうちに、「もう、南のほうへ渡らなくてもいいな。このまま安泰《あんたい》で、冬も越《こ》せるだろう」と思っていた。ところが、ある日、突然《とつぜん》、雪解けの水が流れてきたときには、空を飛べなくなっていて、溺れ死ぬようなことはある。だから、「〝安全神話〟を守ってさえいれば大丈夫《だいじょうぶ》だ」と思っていると、ある日、突然に最期《さいご》が来ることもある。

要するに、その〝親切な老人〟が餌をくれなくなることがあるかもしれないので、そのときのことを考えておく必要《ひつよう》があるわけです。

このような例《れい》をわざわざ引いたのは、今、日本の国会等でもいろいろ揉《も》めているということもあります。

普通《ふつう》の鳥たちであれば、冬になると南のほうへ飛んでいって餌を取るところを、「いやあ、私たちは普通の鳥とは違うのだ。餌をくれる人がいるから、もう、南へ渡らなくても大丈夫なのだ」と思っているのかもしれませんが、「大丈夫ではないこともあると知っておいたほうがよい」ということを述べているわけです。

ここでは難《むずか》しい憲法論議《けんぽうろんぎ》には入りませんが、「今までの〝安全神話〟で、うまくいっているから大丈夫だ」とはいっても、基本的《きほん》には、やはり、原点に戻《もど》るべきでしょう。「国家とはどのようでなければいけないのか。ほかのところはどのようにしているのか」ということをよく見もせずに、「自分のところは、これでうまくいっているから大丈夫だ」などというのは甘《あま》いのです。

それは、国家にも言えることですし、みなさん個人にも言えることですし、会社にも言えることですし、自営業《じえいぎょう》等にも言えることでしょう。「絶対《ぜったい》に大丈夫」と思っていたのに、ライバルが出てきたりすると、突然、駄目になるようなことはあるわけです。ライバルの店が向かいにできたり隣《となり》にできたりしただけで、潰れることはあります。

したがって、いつも凜《りん》として張り詰《つ》めた生き方をしなければいけません。

5　心をどのように生かし、人生を生き切るか

人生で得《え》た魂《たましい》の経験《けいけん》は死後も続《つづ》いていく

そして、人生二万日から三万日を上手《じょうず》に生き切った人、智慧《ちえ》を持って生き切った人には、その後の未来《みらい》もあるのだと言えます。

「その後」のことについて、さらに分かりやすく付《つ》け加《くわ》えるとするならば、人間は、死んでも魂《たましい》はなくならずに存続《そんぞく》します。

某宗教《ぼうしゅうきょう》のように、「人間は、死後、大海《たいかい》のようなところに吸収《きゅうしゅう》され、その粒《つぶ》の一つとして沈《しず》んでいるような状態《じょうたい》になる」といった「あの世観《かん》」を持っているところもありますが、そのようなものではありません。

人間の魂は個性《こせい》を持っており、あの世でもそのまま生きています。今世《こんぜ》、生きたときに、男性または女性としての性を持っていますが、この世を去ったあとの来世《らいせ》での姿《すがた》としても、「今世の意識《いしき》、名前、男性か女性かの性別《せいべつ》、ある程度《ていど》得《え》た知識や経験《けいけん》等から得られた個性」を持っており、次回生まれ変《か》わるまでは、それを自分だと認識《にんしき》しているのです。

すなわち、個性としての人生経験が、基本《きほん》的にはあの世でも続《つづ》いていくことになるわけです。だからこそ、非常《ひじょう》に大事なことであると言えます。

人生の時間を上手《じょうず》に使い、十分に生き切るために

人生は二、三万日しかありませんが、その時間を上手《じょうず》に使い、十分に生き切って、誰《だれ》のせいにするのでもなく、自分で変えていけるものについては、「自分の〝ハンドルとアクセルとブレーキ〟」を使って上手に乗り越《こ》えていくことです。

また、未来のみならず、自分の過去《かこ》さえ変えていけるのです。

「過去が不幸《ふこう》だったから、今も不幸だ」と、いつまでも言い続けているような国もありますが、そのように言っていること自体で、すでに「不幸」なのです。

そういうことを言い続けるかぎり、絶対《ぜったい》に幸福にはなれません。

その国の今が本当に輝《かがや》いているのであれば、過去のことは許《ゆる》せるはずなのです。過去のことなどは言わないものです。それを、例《たと》えば、「七十年、八十年前にこんなことがあったから、今、私たちは不幸なのだ」などと言い続けるということは、「今の政治《せいじ》が悪い」ということなのです。それは間違《まちが》いなくそうでしょう。今の政治が悪いために、為政者《いせいしゃ》は、国民《こくみん》の目をそらすために、過去のせい、外国のせいにするわけです。

そのあたりのことが分からないようでは、残念《ざんねん》ながら、現代《げんだい》に生きるトップの知性層《そう》とは言えません。

心の話を中心に述《の》べてきましたが、「われわれは自由にできるものを持っている」のです。百パーセント、自分の自由になるものを持っているので、これを使って、上手に生き切ることが大事です。

幸福の科学は、この「心をどのように生かし、人生を生き切るか」ということについての智慧《ちえ》をたくさん説《と》いています。二〇一五年のベストセラーになった『智慧の法《ほう》』（幸福の科学出版刊）という書籍《しょせき》等でも、「どのようにして智慧をダイヤモンドのように磨《みが》き上げ、値打《ねう》ちを出すか」ということを教えています。

このような宗教はほかにありませんので、どうか、この違いをよく学んでくださされば幸いです。

第2章

魅《み》力《りょく》ある人となるためには

How to Become an Attractive Person

批《ひ》判《はん》する人をもファンに変《か》える力

1 「いかに魅力《みりょく》を出すか」は重みのあるテーマ

本章は、「魅力《みりょく》ある人となるためには」という題です。もし、この題に偽《いつわ》りがない場合、内容《ないよう》をマスターすれば、だいたい、あらゆることに成功《せいこう》するはずでしょう。したがって、このテーマには、ある意味での重みはあるだろうと思います。

なお、本章のもとになった法話《ほうわ》をする際《さい》、会場（東京正心館《しょうしんかん》）を映《うつ》しているモニターで参加者《さんかしゃ》の年齢構成《ねんれいこうせい》を見ていたのですが、「これはやや〝難《むずか》しい〟年齢層《そう》が集まっている。これから魅力を出していくには、そうとう大変《たいへん》な年齢層なのではないか。難度《なんど》が予想より少し上がるのではないだろうか」と感じました。

例《たと》えば、若《わか》い人などは、魅力ある人間になるために、まだまだ、いろいろとつくっていけるものがあります。ところが、お互《たが》い様ではありますが、年齢が上がるにつれて難しくなってきて、なかなか変化しなくなるわけです。

ただ、「そうした苦しいなかで、どのように魅力を紡《つむ》ぎ出していくか」ということが大事なのかもしれません。この法話の内容が、それぞれの方に、わずかにでもかすれば、ありがたいものだと思っています。

ちなみに、この法話をした翌日《よくじつ》、渡部昇一《わたなべしょういち》氏《し》が同じく東京正心館で話をされたのですが、あるいは、渡部氏の話を聴《き》くのもよいかもしれません。

渡部氏は対談なされると、相手の方を必《かなら》ずほめるのです。また、自分のことに関《かん》しては、「劣等《れっとう》感を持っている」という話か、「何か鈍《どん》くさいことをした」という話を、どこかで必ず入れられます。

そのように、自分の心を開いて少し隙《すき》を見せ、相手についてはほめるのです。

そして、何かいい感じが残《のこ》るような終わり方をします。これは、いつもそうです。

やはり、渡部氏は、魅力が出る方法を、よく心得《こころえ》ておられるのではないでしょうか。

2 「人をほめる」ときに気をつけるべきこと

「真実語《しんじつご》」に反するほめ方をすると反作用が出る

ただ、私の場合、渡部《わたなべ》氏のまねをしてほめようとしても、駄目《だめ》なことがあります。なぜなら宗教家なので、職業柄《しょくぎょうがら》、「真実語《しんじつご》」を語らなければならないからです。

確《たし》かに、若《わか》いころは、「だいたい、人はほめれば好感《こうかん》を持ってくれるので、何をやっても、それでうまくいく」というようなことが、ものの本によく書いてあったので、一生懸命《いっしょうけんめい》、人をほめる練習をしていたこともありました。

ところが、宗教家になって、だんだん教団《きょうだん》が大きくなり、指導《しどう》する相手が増《ふ》えてくると、真実語に反するほめ方をした場合、反作用が出てくるようになったのです。要《よう》するに、ほめられたほうとしては、「大川隆法先生がそう言ったからには、それが真実でなければならない」「まず、言葉ありきだ」ということなのでしょう。その後、自分に対する、みなの評価《ひょうか》や私の評価が違《ちが》ってきた場合、「低《ひく》い評価をした人を責《せ》める」ことが増えてきたのです。

そのため、なかなか、人をほめるのが難《むずか》しくなってきたのを感じました。

しかし、この三十年余《あま》りの幸福の科学の歴史《れきし》を振《ふ》り返ってみると、いろいろな人がいましたが、私に「ほめられた人」と「叱《しか》られた人」のその後を比《くら》べてみると、叱られた人は、ずっと幹部《かんぶ》で残《のこ》っていることが多いのです。特《とく》に、複数《ふくすう》回叱られたような人は、だいたい残っています。

一方、ほめられただけで、そのあと、叱られていない人の場合は、そうではありません。仕事ができなくなったのか、つまずいたのかはよく分かりませんが、何かの具合で一定の立場から外れていったときに何らかの不満《ふまん》を持つことが多く、周《まわ》りからの評判《ひょうばん》が悪くなったり、批判《ひはん》されたりするようなことがありました。

ともかく、「先生からほめられたのに、このようになったのはおかしい」と言うような人も過去《かこ》にはいたので、意外に難しいものだと思います。

八方美人《はっぽうびじん》にならぬよう、「自分の器相応《うつわそうおう》」に発信《はっしん》するべき

さて、ものの本には、「ほめれば人の人気を取れて、人を動かせる」というようなことが書いてあるのに、現実《げんじつ》には、そうはならないことが多いのはなぜでしょうか。それは、おそらく、書いている人の発想の原点が、セールス的なものにあるからだと思います。

要するに、「一対一で顧客《こきゃく》に対して、セールスの実績《じっせき》をあげるには、どのような対し方をすればよいか」というようなことでしょう。だいたい、「人に対して笑顔《えがお》で接《せっ》し、ほめて、いい気持ちにさせ、さわやかな感じを与《あた》えて好感を持ってもらう。相手に好感を持ってもらえさえすれば、だんだん、得意客《とくいきゃく》が増えてくるので成功《せいこう》する」というあたりから、全体のモチーフが出来上がっているわけです。

ただ、私の立場では、それでは、もはや合わないことがよくあります。

例《たと》えば、「魅力《みりょく》ある人となるためには」というテーマであれば、当然《とうぜん》、そのなかには、男女の問題も入ってくるわけです。それは、「男性《だんせい》が女性にもてるには、どうすればよいか」、あるいは、「女性が男性にもてるには、どうすればよいか」というようなことでしょう。

ところが、私などは、夜《よ》な夜な、女性の信者《しんじゃ》からも男性の信者からも、「先生、愛《あい》しています」という声が（天耳《てんに》の霊的能力《れいてきのうりょく》ゆえ）聞こえてくるのです。

●天耳　六大神通力《じんつうりき》の一つで、あの世の霊たちの声を聞くことができる能力。『太陽の法』（幸福の科学出版刊）参照。

そういう意味では、実に難しいところがあります。「それはありがたいことではあるけれども、私は何と答えたらよいのでしょうか」というような面があるわけです。

それはともかく、いろいろなところで八方美人《はっぽうびじん》的に振る舞《ま》えば、魅力があるように見えることもあるかもしれません。

しかし、反作用ではないけれども、相手の反応《はんのう》に対して責任《せきにん》が生じる場合があるので、「発信は自分の器相応《うつわそうおう》でないといけない。それ以上《いじょう》に発信しすぎてはならないこともある」ということを知っておいてください。

3　人は「公《こう》」「私《し》」ともに見られている

人が見ていないと思って、いつもと違《ちが》う振《ふ》る舞《ま》いをしていないか

なお、「魅力《みりょく》ある人となるためには」という題は、下から上がってきた企画《きかく》ですが、これが組まれた背景《はいけい》には、おそらく、「宗教《しゅうきょう》としての伝道《でんどう》を進めていくためのコツのようなものが聴《き》けないか」ということと、「政党《せいとう》（幸福実現党《じつげんとう》）が多くの人たちの支持《しじ》を受けて、票《ひょう》をもらえるようにならないか」ということがあるのではないかと思います。「その二つを、一発でパシッと決めていただきたい」というような願《ねが》いを感じるので、そうしたことを聴きたいのでしょう。

ただ、それには、実に難《むずか》しいところがあります。世の中には、内と外で違《ちが》う場

合があって、なかなかうまくいかなかったり、逆《ぎゃく》になったりすることが多いからです。

例《たと》えば、「教団《きょうだん》のなかで魅力があっても外では魅力がない場合」もあれば、また、「なかで魅力がなくても外で魅力がある場合」もあります。その両方が出てくるので、このテーマには何とも難しいところがあるのです。

先日（二〇一三年四月七日）も、幸福の科学学園関西校《かんさいこう》の初《はじ》めての入学式に行って、新幹線《しんかんせん》で帰ってきたのですが、次のようなことがありました（注。入学式では、法話《ほうわ》「幸福の科学学園の未来《みらい》に期待する」を行《おこな》った。『夢は叶う』〔幸福の科学出版刊〕参照）。

実は、歌手や俳優《はいゆう》として長く活躍《かつやく》なされている方が乗ってきて、私の前の席《せき》にお座《すわ》りになったのです。その方は、何万人も集めてコンサートをしたり、刑事《けいじ》ものの ドラマなどにも出たりしている方でした。

そして、歌の仲間《なかま》なのか秘書《ひしょ》なのかは分かりませんが、何人かと一緒《いっしょ》に向かい合わせになって、ワイワイやっていたのです。ところが、いきなり背《せ》もたれを後ろに倒《たお》してきたため、それが私の目の前にバーンと迫《せま》ってきました。

そのため、私としては、「一言《ひとこと》ぐらい挨拶《あいさつ》があってもよいのではないか」と思いながら座っていたのです。

また、その方は、トイレに行くときにもボディガードのような人がついて、行ったり来たりしているので、周《まわ》りの人は分かった上で見ています。しかし、本人はサングラスをつけ、変装《へんそう》しているつもりでいたようです。

いずれにせよ、新幹線の座席《ざせき》の背もたれを後ろに倒す際《さい》に、いきなりボーンと倒されたら、やはり印象《いんしょう》は悪くなるでしょう。

ちなみに、その方は、近くの方から指摘《してき》を受けたようで、品川《しながわ》駅に降《お》りてから、私のことをジーッと見ていました（笑）。私が後ろの席にいたので分からなかったのでしょうが、言われて気づいたあと、ジーッと見てはいたのです。

ただ、少し遅《おそ》かったかもしれません。やや礼を失《しっ》した面があったのではないでしょうか。

そのように、コンサートのような場面では人気を博《はく》すことができても、プライベートな部分というか、要《よう》するに、「人があまり見ていない」と思うところでは、少し違うような振《ふ》る舞《ま》いをなされる方もいるわけです。

政治家《せいじか》や立候補者《りっこうほしゃ》は、公私ともども、すべて見られている

同じようなケースで、私の著書《ちょしょ》には、政治家《せいじか》についての話を書いたものもあります。

例えば、「以前《いぜん》、飛行機《ひこうき》で、私の前の座席に外務大臣《がいむだいじん》が座っていたが、いきなり寝始《ねはじ》めた」とか、「ファーストクラスに乗って、お酒を飲みまくっている」と

かいう話が、ときどき書いてあるわけです（『教育の使命』『美の伝道師《でんどうし》の使命』〔共に幸福の科学出版刊〕等参照）。

そういう意味では、どこで誰《だれ》がどう見ているか分かりません。どこで票が減《へ》るやら増《ふ》えるやら分からないところがあるでしょう。

したがって、政治家は、「公私《こうし》ともども、いろいろな目で見られている」ということを知らなければいけないと思います。

同じく、今後、立候補《りっこうほ》する人であっても、表と裏《うら》の全部を見られていることを知らなければいけないのです。「よいことを言っているようであるけれども、実際は、全然《ぜんぜん》違う人である」というようでは駄目《だめ》でしょう。

やはり、いろいろと技術《ぎじゅつ》的な面で人気を取ろうとしたところで、最終《さいしゅう》的には、その人柄《ひとがら》の本質《ほんしつ》はだいたい伝《つた》わっていくものです。もし、その人気が徒花《あだばな》だった場合は、「通り過《す》ぎていく」というか、「やがて消えていくものだ」ということは知らなければならないと思います。

立場が変《か》わるだけで周《まわ》りの評価《ひょうか》は変わる

幸福の科学を立ち上げた当時、父親の善川三朗名誉顧問《よしかわさぶろうめいよこもん》が私に言ったことがあります。まず、「おまえは顔が悪い」。次に「声が悪い」。そして、「ルックスが俳優のようにはよくない」。そういうことで、いろいろな面でかなり厳《きび》しいということを言われたのです。実にごもっとも で正確《せいかく》な判定《はんてい》ではありました。

ただ、最初《さいしょ》の講演会《こうえんかい》（一九八七年三月八日「幸福の原理」。『幸福の科学の十大原理（上巻）』〔幸福の科学出版刊〕参照）をしたときには、「声が悪い」「いい声をしている」という両方の反応《はんのう》があったので驚《おどろ》きました。おそらく演歌が好《す》きなタイプの人は「いい声をしている」と言い、演歌が嫌《きら》いなタイプの人は「声が悪い」と言っていたように思います。やはり、好《この》みはいろいろあるということです。

そのようなわけで、すべての人の好みに合わせることはなかなか難しいと感じる次第《しだい》です。

さまざまな性格《せいかく》、好みを持っている人々から好かれたり、人々に魅力を感じさせたりするのは、それほど簡単《かんたん》なことではないと思います。

例えば、勉強ができれば、人から尊敬《そんけい》され、魅力が出るかといえば、必《かなら》ずしもそうとは言えません。そういう実例《じつれい》があまりにも多くあるので、一言では言えないのです。勉強さえすれば、学徳《がくとく》が生まれ、人気が出るかといえば、必ずしもそうではないでしょう。

なぜならば、勉強をすると知識《ちしき》は増えるものの、人を見る目がある意味で厳しくなり、裁《さば》きの目が出てきてしまうことがあるからです。いろいろなことを知っていることで、「おまえはここが駄目だ、あそこが駄目だ」といった裁きの目が出てくるところあたりが、やや不評《ふひょう》を買いやすい面なのではないかと思います。

私も、そういうことは実際にかなり述《の》べているのですが、若《わか》いころと今とでは周《まわ》りの環境《かんきょう》が変《か》わってきたこともあり、受け止め方が多少違っているわけです。

今では、偉《えら》い人に対して偉そうに叱《しか》ったとしても、「国師《こくし》・大川隆法」などと言えるわけですが、若いころは、偉そうに言ってボコボコにされ、頭がへこむほど批判《ひはん》を受けていました。

私は、いつも感じたままを言っているだけなのですが、立場が変わるだけで評《ひょう》価《か》は変わるということです。

4 「どうしたら嫌《きら》われるか」という実例《じつれい》

本章では、「魅力《みりょく》ある人になる方法《ほうほう》」を説《と》くつもりでしたが、考えれば考えるほど「魅力がなくなる方法」のほうを思いつくわけです。

「どうしたら嫌《きら》われるか」「どうしたら怒《おこ》られるか」「どうしたら『おまえは駄《だ》目《め》だ』と言われるか」というようなことであれば、私も実例《じつれい》がたくさん出てきます。

日本人というのは、「人をほめる」ことはあまりしないのかもしれませんが、それにしても、「これをやって怒られた」というようなことは、次から次へといくらでも出てくるので、本当に反省《はんせい》しきりなのです。

実例①――新入社員歓迎会《かんげいかい》の席《せき》で

例《たと》えば、私が社会人になったばかりのころ、配属《はいぞく》された課《か》で歓迎会《かんげいかい》を開いてくださったときのことです。

課の人たちが集まり、お座敷《ざしき》の個室《こしつ》を借《か》りて歓迎してくれるというので、私は喜《よろこ》んで行きました。「新入社員の歓迎会だから、今日は当然《とうぜん》、主賓《しゅひん》だな」と思ったので、サッサッと座敷に入り、床《とこ》の間《ま》を背《せ》にしてパッと座《すわ》ったわけですが、あとから来た人たちは、みなシラーッとしているのです。しかし、私には、なぜ課の人たちがみな、変《へん》な顔をして私のほうを見ているのか、分かりませんでした。私は主賓のはずなので、床の間の前に座ったのに、それのいったい何が悪いのか、そのときはさっぱり分からなかったのです。

そのあたりのころから、よく怒られるようになりました。

ある先輩《せんぱい》から、「あのなあ、新入社員というのは、入り口のあたりに座るものだ」と注意されたので、「いや、入り口に座ったら、人が出たり入ったりするから、何だか落ち着かないじゃないですか」と言い返したら、「だから、新入社員がそこに座るんじゃないか」と怒られ、そして、「あ！　なるほど。そういうことなのか」と、やっと分かったのです。

私自身の感覚《かんかく》では、人が食べ物や飲み物などいろいろなものを持って、座敷を上がったり下がったりされるのは落ち着かず、嫌《いや》だったので、「落ち着けそうな場所」へ行っただけなのです。

これは、〝本来のあるべき姿《すがた》〟に戻《もど》っただけと言えなくもありませんが、この世ではご理解《りかい》いただけませんでした。〝本来のあるべき姿〟であれば、床の間にでも座らなければいけないのでしょうが、理解してもらえず、かなり叱《しか》られてしまったのです。

実例②――入社式の日の〝水戸黄門事件《みとこうもんじけん》〟

また、入社して三カ月から半年ほどたってから私の耳に入ってきたことなのですが、私の〝水戸黄門事件《みとこうもんじけん》〟というものが、あちこちで喧伝《けんでん》されていたのです。

「例のあいつか」などと言われ、「『例のあいつ』って何だろう」と疑問《ぎもん》に感じていると、「○○をやらかしたやつだろう?」と言うので、いったい何をやらかしたのかと思ったら、〝水戸黄門事件〟という話が広まっていることが分かりました。

それは、こんな内容《ないよう》です。三月の終わりごろに大学の卒業式《そつぎょうしき》があったのですが、ちょうど同じ日に会社の入社式もあったのです。

会社の発祥《はっしょう》の地が大阪《おおさか》だったため、入社式は大阪のほうで行われ、そこで新入社員を集めて昼食会をするということでした。

それで、私は、朝一番の九時から十時まで卒業式に出たあと、家に帰る時間もなく、そのままの格好《かっこう》で新幹線《しんかんせん》に乗り、大阪へ直行《ちょっこう》したのです。

すると、その新幹線のなかに、たまたま同期入社の人が何人か乗っていたので、話していると、彼らから、「おまえ、大学はどこを出たんだ?」と訊《き》かれました。

そこで、とっさに、持っていた卒業証書《しょうしょ》の筒《つつ》をスッと縦《たて》に上げて見せたわけです。

そこには、錦模様《にしきもよう》の黒地に金文字で「東京大学　法学部」と入っていました。これが〝水戸黄門事件〟といわれるものです（笑）。私はそのことが問題になるなどとは思いもしませんでした。

ほかの人が聞いているようなところで、「東大を出た」などと言うと、いかにも自慢《じまん》しているようでいやらしいので、口には出さないほうがよいと思い、卒業証書の筒をスッと立てただけなのです。しかし、これが、「この印籠《いんろう》が目に入らぬか」というようなことをやったという話になり、その後、半年間はいろいろなところで言われ続《つづ》けました。

私は声に出して言うほうが、よほど自慢気《げ》で嫌われると思ったのですが、「まさか、そんなことでびっくりするのか」と思って、ショックを受けました。

このように、私の常識《じょうしき》と日本の常識とはだいぶ違《ちが》っていたようです。

実例③——先輩《せんぱい》がたと相乗《あいの》りしたタクシーで

課の先輩《せんぱい》がたと一緒《いっしょ》にタクシーに乗ったときにも、そういうことはありました。何人かでタクシーに乗り込《こ》むときに、先輩がわざわざタクシーのドアを開け、なかに入って奥《おく》の座席《ざせき》まで行くということをしてもらうのは、当然失礼《しつれい》に当たるだろうと思い、いちばん先に自分が乗り込み、運転手の後ろの座席に座り、先輩には乗りやすいように〝入り口〟に座《すわ》らせてあげ、また、助手席は視界《しかい》もよいので、〝そこ〟にも座らせてあげたのです。

すると、あとで先輩から、「あのなあ、知らないのだろうとは思うけれども、そこはいちばん偉《えら》い人が座るところなんだ。ここが一番で、二番、三番……」と教えられたのを覚《おぼ》えています。

私が考えることは、どうして反対になってしまうのでしょうか。先輩にご足労《そくろう》をかけてはいけないので自分が奥まで行ったつもりだったのに、怒られてしまったわけです。

実例④——アメリカで深夜タクシーを停《と》めるときに

アメリカで勤務《きんむ》していたときにも同じようなことがありました。

ある日、夜の帰宅《きたく》時間が遅《おそ》くなったので、タクシーを停《と》めようとしたのですけれども、なかなか停まってくれません。ニューヨークでは、時間が遅くなると強盗《ごうとう》も多くなるため、そう簡単《かんたん》には停まってくれないわけです。タクシーを停めるときに普通《ふつう》は手を上げますが、それくらいでは停まらないのです。

そこで、同僚《どうりょう》のアメリカ人の女性《じょせい》たち三人が、タクシーを停めようと、一生懸命《いっしょうけんめい》にスカートをまくりながら足を上げ始めました。

それがラインダンスのように見え、私はおかしくてゲラゲラ笑《わら》ってしまいました。

すると、先輩から、「おまえなあ、全然分かっとらんな。この時間帯《たい》はなかなか車が停まってくれないから、ああやってスカートをちょっとつまんで足を上げて、魅力を出して、色気《いろけ》で惹《ひ》くようなことまでして、頑張《がんば》って停めようとしているんじゃないか。それを笑うとは何事であるか」と怒られたのです。

幾《いく》つか例《れい》を挙《あ》げましたが、当時は、このようなことが山のようにあり、最悪《さいあく》だったのです。

そういう意味では、「嫌われる方法」であれば、私はみなさんにいくらでも教えることができるのですが、「魅力ある人間になる方法」を教えるのは本当に難《むずか》しいことなのです。

実例⑤——鞄《かばん》に大量《たいりょう》の本を入れて持ち歩く

学生時代は勉強をしていればほめられますが、社会人になると、人が見ているところで勉強をしていてもほめられなくなります。

例えば、私はいつも鞄《かばん》に大量《たいりょう》の本を入れて持ち歩いていたのですが、「君はいつも変《か》わらないなあ。一生そのままか」というように言われていました。「ええ、このままです。電車に乗ったときに、鞄を開けて本を出して読むので、たくさん持っていなければいけないもので……」と言うと、「はあぁ。君は一生それで行く気か」「ええ、まあ」というように、まったく意思疎通《そつう》ができないのです。

当時は、「同僚がいるところなどで、いかにも勉強しているというのが見えてしまうのは、どうやらいけないらしい」ということを、私はよく知りませんでした。

このように、どうも世間《せけん》の常識はまったく違うようです。

環境《かんきょう》が変《か》わると価値《かち》判断《はんだん》が変化《へんか》する例――服装《ふくそう》について

しかし、不思議《ふしぎ》なことに、宗教《しゅうきょう》を始めるとなぜか話がコロッと変《か》わり、他の人々が実によく意見を聞いてくださるようになりました。これは本当に不思議なことで、むしろ私のほうが教えてほしいぐらいなのです。

例《たと》えば、この章のもとになった説法《せっぽう》をしたときに、ピンクかオレンジか分からないような色の服が用意されていたため、私は思わず、周《まわ》りの人に「これで大丈夫《だいじょうぶ》かい？」と念押《ねんお》ししてしまいました。もし、サラリーマンがこういう格好で出勤したら大変《たいへん》なことになります。連休《れんきゅう》明けなどに、急にそんな格好に変わっていたら、「おまえ、どこか変なところにでも行って、おかしくなったのではないか」と言われてしまうでしょう。

しかも、その服に合わせたネクタイのカラーが虹色《にじいろ》だったのです。虹色というのは、いわゆるゲイの人々を象徴《しょうちょう》するファッションカラーでもあります（プライドカラー）。

「今日はこれで本当に大丈夫ですか」と訊いたのですが、「はい。先生によくお似合《にあ》いです」と言われたので、「本当かなあ」と思いながら着たのを覚えています。

ともかく、世の中は、環境《かんきょう》が変わると価値判断《かちはんだん》もいろいろと変化することは間違いないようです。

5 魅力《みりょく》ある人となるために必要《ひつよう》なこととは

リーダーの資質《ししつ》の一つである「落ち込《こ》んでもすぐ復元《ふくげん》する力」

幾《いく》つかのエピソードを紹介《しょうかい》しましたが、そのような経験《けいけん》のなかで、私は、「自分自身がある程度《ていど》ボコボコになるのは、しかたがないと諦《あきら》めたほうがよさそうだ」と思いました。

ボコボコにされることでスルッと変《か》わってしまうような人間というのは、「標《ひょう》準化《じゅんか》」ができる人であるわけです。つまり、その人に対して指示《しじ》したり、命令《めいれい》したり、その人を使ったりできるような、普通《ふつう》の人になることができます。

しかし、ボコボコにされたとしても、ボコッと引っ込《こ》んだ部分がすぐに戻《もど》ってくるような人というのは、本当に手に負えないタイプです。どうやら、この引っ込んだ部分が早く元に戻るのも能力《のうりょく》の一つのようです。

そのように、本来ならば落ち込むはずのところを「すぐに復元《ふくげん》する力」のある人には、一種《いっしゅ》の「威神力《いじんりき》」が備《そな》わってくるらしいのです。そして、これがある意味において、リーダーの資質《ししつ》の一つでもあるでしょう。

普通の人であれば、めげてしまったり、落ち込んでしまったり、あるいは、がっかりしてしまったりするようなところから、どのようにして立ち直っていき、さらにまた進撃《しんげき》を続《つづ》けるかということは、リーダーとして非常《ひじょう》に大事な資質の一つなのです。普通はなかなかそのようにいかず、自己憐憫《じこれんびん》に入ってしまう期間がかなり長くなるものです。

ただ、私も若《わか》いころには、一日の終わりに、「ああ、本当に恥《は》ずかしい一日だった。こんな人生が続くのか。穴《あな》があったら入りたい」という感じで、自己憐憫、あるいは自己嫌悪《けんお》の思いが湧《わ》いてくるような日が非常に多くありました。もちろん、これはみなさんに自慢《じまん》できるようなものではありません。

今では人々に反省《はんせい》をするように勧《すす》めている自分も、かつては人に反省など勧められるような状況《じょうきょう》ではなく、「穴があったら入りたい」「今日もこんな恥ずかしい目に遭《あ》った」「こんなことは知らなかった」といったことを感じ、自己嫌悪に陥《おちい》るようなことが実に多かったわけです。

しかし、現在《げんざい》は、一日が終わるときに、「今日、自分は何か一歩でも前進したかどうか」「今日は一日を無駄《むだ》にしなかったかどうか」など、殊勝《しゅしょう》なことを考えてから寝《ね》るようにしています。

若いころの自分の心境《しんきょう》は、恥ずかしながら、自殺《じさつ》した太宰治《だざいおさむ》とそれほど大きくは変わらなかったと思います。「生きていることは恥《はじ》をかくこと」というような気持ちがずいぶんあったような気がします。

しかし、その後は〝へこむ〟ようなことがあっても、しばらくすると「復元する」ように変わっていきました。一日から数日、あるいは、週末《しゅうまつ》を通り越《こ》したら翌週《よくしゅう》には「復元してくる力」というのは、意外に大事な力だということが分かっていったのです。

自己憐憫《じこれんびん》をする人は自己中心的に見える

結局《けっきょく》、自分のことを「かわいそう」などと思って自己憐憫《じこれんびん》をしていても、それは、ほかの人には別《べつ》に関係《かんけい》のないことです。多少はかわいそうに思ってくれることがあるとしても、やはり、長くは相手にしてくれないのは、まず間違《まちが》いありません。延々《えんえん》と長く引きずっている人のことを相手にはしてくれないのです。

しかし、そういう人は、自分が人から愛《あい》を奪《うば》っているとは思っていません。そうではなく、悲劇《ひげき》のシンデレラのような感じで、自分のことをかわいそうだと思っているのです。

ところが、自分のことを一生懸命《いっしょうけんめい》に慰《なぐさ》めてばかりいるような人というのは、基《き》本《ほん》的にほかの人のことを考えていないところがあります。そのため、非常に自己中心的に見える面があるのです。しかも、その自己中心的に見えるところを本人が分かっていないことが問題なのです。そして、「他人《たにん》が自分を傷《きず》つけた」「他人が自分のことを悪いと言った」というようなことばかりが気になるようになります。

そのようなところは、やはり、できるだけ早く切り替《か》えなければいけませんが、思想においてこれを乗り越えることは可能《かのう》なのです。

〝失敗《しっぱい》の釘《くぎ》〟の上から〝光明《こうみょう》思想が入った新しい釘〟を打ち込《こ》め

幸福の科学の初期《しょき》の霊言集《れいげんしゅう》のなかに、「板に打ち込《こ》んである釘《くぎ》を一生懸命に抜《ぬ》こうとしても、なかなか抜けないけれども、その釘の上に次の釘を打ち込むと、先に打ち込まれていた釘が板の下へ抜けていく」という話があります。これは、「一人の人間のなかで、二つの別の感情《かんじょう》を同時に持つことはできない」ということをたとえたものです。「暗い心」と「明るい心」を同時には持てないのです。

これは、当会最初期《さいしょき》の基本的な真理の一つですが、暗いジメジメとした考えを持つのと同時に明るい気持ちで生きるということは、なかなかできることではありません。今述《の》べた釘のたとえのように、「板の釘の上から次の釘を打てば、先に打たれていた釘が抜ける」という関係にあるのです。

したがって、もし、暗い気持ちや沈《しず》んだ気持ちになっているのであれば、いかに早くその反対のものに変えてしまうかが大事です。

そういう暗い気持ちが続いている間は、自分自身も惨《みじ》めでしょうが、その惨めな自分と接《せっ》する、家族や会社の同僚《どうりょう》、あるいは、その他の関係のある人々から、さまざまな愛を奪って生きているわけでもあるのです。

しかし、そのことに本人は気がついていません。いくら慰めても慰めても、よけいに悲劇の主人公のようになり、愛をもっと吸《す》うタイプになっていきます。

これはまだ、人に迷惑《めいわく》をかけていると思っていないのです。そうではなく、「自分が純粋《じゅんすい》だから傷つくのだ」と思っているところがあります。

人生において、失敗《しっぱい》は数多くあります。うまくいかないこともあります。自分の常識《じょうしき》と世間《せけん》の常識が違うこともあります。あるいは、会社の伝統《でんとう》と合わないこともあります。いずれにせよ、「〝失敗の釘〟を打ち込んでしまった」と思ったならば、その釘の頭に、〝光明《こうみょう》思想の入った釘〟を新たに打ち込んで抜いてしまわなければいけません。

要《よう》するに、「マイナスに対してはプラスでもって対応《たいおう》する」ということです。例《たと》えば、落ち込むことがあれば、今度は、もう一歩、違うところから攻《せ》めてみるのです。

私もこういう考え方を持つようになってから、ずいぶん楽になってきました。

「嫉妬心《しっとしん》」や「劣等感《れっとうかん》」を昇華《しょうか》し、プラスのエネルギーに転化《てんか》せよ

「魅力《みりょく》ある人」となるために必要《ひつよう》なこととして、もう一つには、やはり「嫉妬《しっと》心《しん》」や「劣等感《れっとうかん》」の対策《たいさく》です。それは、私も若いころによく感じていたことです。

嫉妬心や劣等感というものは、学生時代のころから持つ人が多いのではないでしょうか。今であれば、小学校時代からすでに始まっているかもしれません。

小学校、中学校、高校では、「学業ができるかできないか」ということから始まり、「スポーツができるかできないか」、「異性《いせい》にもてるかもてないか」、あるいは、「周《まわ》りから好《す》かれるか嫌《きら》われるか」など、いろいろなことがあるでしょうし、それで劣等感を感じる人は大人になっても大勢《おおぜい》いるでしょう。

それから、自分よりも恵《めぐ》まれていると思われる人も、当然《とうぜん》ながらいるだろうと

思います。

例えば、勉強がよくできる人や英語《えいご》がよく話せる人、スタイルがよい人もいるでしょう。

あるいは、親がお金持ちで、「夏休みにちょっとスイスで保養《ほよう》してきました」などと言うような人もいるでしょうが、こういう人には腹《はら》が立つものです。「自分は軽井沢《かるいざわ》も行ったことがないのに、スイスだと？」と思えば、四、五人で集まって、「あいつ、ちょっといじめてやろうか」と〝談合《だんごう》〟したくなるかもしれません。それは、いいところの家柄《いえがら》なのかもしれませんが、「スイスに別荘《べっそう》があるんだって！」などと聞くと、どうしても気持ちが収《おさ》まらなくなって、多少はいじめたりしないではいられなくなったりもします。

このように、劣等感と嫉妬心というものは、わりあいに身近なところに存在《そんざい》するものではありますが、やはり、克服《こくふく》しなければなりません。

こうしたものは、学生時代だけではなく、大人になってからも続くものです。他人《ひと》との比較《ひかく》において、劣等感や嫉妬心を感じるところは続いていきます。これを克服しなければ、残念《ざんねん》ながら、「あのようにはなりたくない」と思われるような魅力のない人間になっていくのです。

成功《せいこう》していく人の特徴《とくちょう》は、この劣等感や嫉妬心をうまく昇華《しょうか》させ、その力を自分のプラス・エネルギーに転化《てんか》していくことが上手なことです。実に上手だと思います。

自《みずか》らの劣等感を、周《まわ》りを励《はげ》ます「勇気《ゆうき》の原理」として使う

また、この劣等感を、ほかの人に対する「勇気《ゆうき》の原理」として使っていくこともあります。

例えば、松下幸之助《まつしたこうのすけ》氏《し》などは、自分が小学校中退《ちゅうたい》であることを隠《かく》さずに、繰《く》り

返し繰り返し語っていました。

そういう人が会社を大きくして、とうとう高卒《こうそつ》の人を使えるようになり、次に、高専《こうせん》卒の人を使えるようになり、大卒の人を使えるようになり、ついには一流大学の技術者《ぎじゅつしゃ》も入ってくるようになりました。実に不思議《ふしぎ》なことですが、それを隠すことなくやっていたのです。

本来、嫉妬心や劣等感を感じてもしかたのないようなところを、むしろ、社員がみな、自分よりも偉《えら》く見えていたため、「こんなに偉い人に大勢《おおぜい》来てもらって、本当に助かる。ありがたい」という気持ちを持って、人を使っていました。

最近の人では、稲盛和夫《いなもりかずお》氏にも多少そういうところがあります。

旧制鹿児島《きゅうせいかごしま》中学を受けて落ちたり、阪大《はんだい》を受けて落ちたりして、学生時代は劣等生だったようですし、会社の入社試験《しけん》でも、当時の主な電機《でんき》メーカーはほとんど落ちてしまい、周囲《しゅうい》の人たちが知らないようなところに入っています。そこで何年間か頑張《がんば》ってから独立《どくりつ》するときに、自分についていきたいという人がいたので、会社をつくって大きくしたのです。

その後、稲盛氏は京セラをつくり、第二電電《でんでん》（現ＫＤＤＩの前身）をつくり、そして、最近では、ＪＡＬ《ジャル》の再建《さいけん》に取り組んだことなどがよく知られています。

この人も、そうした劣等感を持っていたことを明らかに開示《かいじ》しながら、「そういう自分でもここまで成功できたのだから、私よりも秀才《しゅうさい》の人たちは、もっとできて当然ではありませんか」というように、「勇気の原理」を与《あた》えています。

これも客観《きゃっかん》的、社会的に見て、一定以上《いじょう》の成功がなされた場合には、美談に変わっていくことがあるわけです。

しかし、そこまで到達《とうたつ》していない場合は、単《たん》なる自己卑下《ひげ》になったりすることもあるので、その加減《かげん》はとても難《むずか》しいところがあります。

ただ、こうしたマイナス感情も上手に使えば、ちょうど百メートル走のときに使うスターティングブロックのようなもので、反動を使って速度を増《ま》すチャンスになるので、やはり、その劣等感や嫉妬心と思えるものをスプリングボードとして、プラスに転じていくことを考えるとよいでしょう。

6 魅力《みりょく》ある人の特徴《とくちょう》

自助努力《じじょどりょく》によって成功《せいこう》した人ほど「周《まわ》りのおかげ」を感じる

では、劣等感《れっとうかん》や嫉妬心《しっとしん》と思えるものをプラスに転じていく過程《かてい》において、どのようにすればそれを埋《う》め合わせていけるのでしょうか。

もちろん、それには本人の努力《どりょく》が必要《ひつよう》でしょう。努力しない者に、よい方向へ道が拓《ひら》かれていくことは、やはり、数少ないことだろうと思います。

努力して道を拓いていくなかで、「自分が努力したからこうなったんだ」などと自分の手柄《てがら》にするような考えではなく、努力して成功《せいこう》すればするほど、「周《まわ》りの人のおかげで成功しました」「神様仏様《ほとけ》のおかげで成功しました」というような考え方に変《か》わっていくのです。

これは実に不思議《ふしぎ》なことですが、自助努力をし、自分をつくり、成功していった人ほど、「これは運の力だ」「神様の力だ」、あるいは「世間《せけん》のみなさんのお力だ」と言うようになります。

しかし、努力して自分を磨《みが》いたりせず、自助努力によって立ち上がっていったわけではない人ほど、やはり、ほかの人や周りのせいにし、それで終わりにしてしまいがちです。そういう人は、基本的《きほん》にはあまり好《す》かれず、嫌《きら》われるタイプでしょう。

このあたりのことは、非常《ひじょう》に大事なところではないかと思います。

実際《じっさい》には自助努力で行《おこな》っていることでも、だんだんに「周りのおかげ」のほうを大きく見ていき、「自分自身の力」のほうは小さく見るようになるということは、要するに「謙虚《けんきょ》さ」なのです。

「大きな夢《ゆめ》」を追い続《つづ》けながらも「謙虚《けんきょ》さ」を持つ

魅力《みりょく》ある人間となるためには、ある意味で、野心的でなければいけないところもあります。若《わか》いときは大きな夢《ゆめ》を持って、多少、大風呂敷《おおぶろしき》を広げているように思えることでも言えるぐらいに、野心家的な面があるほうが魅力的です。

しかし、それが自信過剰《じしんかじょう》であるために、周りの人にとっては、本当にたまらない気持ちになるような人では駄目《だめ》なのです。やや野心家で大きな夢を広げるようなところはあったとしても、一方では、謙虚《けんきょ》さを持っているタイプでなければいけません。

「大きな夢を追い続《つづ》けてはいるけれども、謙虚でもある」というように、なかなか両立しがたいものではあっても、それを自制心《じせいしん》によって両立させていく努力をしている人が、やはり、「魅力ある人」となっていくように思えてしかたがありません。

「どうすれば魅力《みりょく》がなくなるか」を見せてくれる北朝鮮《きたちょうせん》や中国

反対に、「魅力《みりょく》のない人」を「人から嫌われるタイプの人間」と捉《とら》えたならば、どうでしょうか。その実例《じつれい》を見たければ、時折《ときおり》、テレビのニュース番組等で流れる朝鮮《ちょうせん》中央放送を観《み》ると、「どのようにすれば人に嫌われるか」ということがすぐに分かってしまいます。

相手を徹底《てってい》的に悪く言い、相手の立場はいっこうに考慮《こうりょ》せず、自分の立場だけを主張《しゅちょう》し続け、とにかく、「自分たちだけが正しい」と言い続けるわけです。そのようにすれば絶対《ぜったい》に嫌われます。そういうことを国営《こくえい》放送で延々《えんえん》と行《おこな》っているのです。

中国の外務《がいむ》大臣《だいじん》や報道官《ほうどうかん》なども同様です。「こういうことをすると嫌われるのだけれども、分かっているのだろうか」と思うような、一方的なことを延々と述《の》べ続けています。自分の国の国民《こくみん》はそれで洗脳《せんのう》できるのかもしれませんが、外の人は、それでは洗脳されません。「自由」というものを与《あた》えられている人は、それでは洗脳されないでしょう。

「反論《はんろん》の自由」を持っている人々に対しては、それでは通じないということが、彼らには分からないようなのです。「自分たちの国民に言うことを聞かせられるのであれば、それ以外《いがい》の国の人々にもできると思っているのではないか」と疑《うたが》われるようなことを情報発信《じょうほうはっしん》しています。

これは本当に、「どうすれば魅力がなくなるか」ということを見せてくれているようなものでしょう。彼らに対しては、「少しは自分たちの問題もお考えになったらいかがですか」という気持ちがあります。

反対に、日本があまりにも自己卑下《じこひげ》的になりすぎているのであれば、「自分たちのいいところも、少しは認《みと》めたほうがよいのではないでしょうか」という思いもあるのです。

当会の政治《せいじ》活動に対しても、要するに、朝鮮中央テレビの放送のようになっていないかどうかを、よくチェックしてほしいのです。自分たちの立場をただただ主張し、相手を批判《ひはん》し続けているだけになっていないかどうかを、よく考えてみてください。

そのように、ちょっとした心遣《こころづか》いや気配りで構《かま》いませんが、一方的なものになりすぎないように努力することが大事です。

信念《しんねん》を持ってやり抜《ぬ》いた人こそ「魅力ある人」

本章では、さまざまなかたちで「魅力ある人となるためには」ということについて述べてきました。

結局《けっきょく》、私が最終的《さいしゅう》に言いたかったことは、「信念《しんねん》を曲げずにやり抜《ぬ》いてほしい」ということです。

その信念そのものは自己保身《ほしん》に基《もと》づくものではなく、世の中の人々を幸福にし、世間を本当に正しい方向に導《みちび》くというものでなければなりません。そして、そのようなことを、実際に信念を持ってやり抜くことができた人は、やはり、「魅力ある人になれる」と思います。

いろいろな道はありますが、強い信念を持ち、さまざまな批判に耐《た》え、反省《はんせい》もしつつ、正しいものをやってのけることが大事です。

そうすれば、人に対して最初《さいしょ》は批判をしていたような人でも、やがてファンに変わっていくことでしょう。

伝道《でんどう》とは何か

宗教《しゅうきょう》の活動の原点は、
やはり、この「伝道《でんどう》」という言葉に集約《しゅうやく》される。
では、伝道とは、いったい何であるか。
伝道は「道《みち》を伝《つた》える」と書くが、
伝えるべき道とは、いったい何であるか。
それは、人として歩むべき道、真理の道である。

その真理の道を伝えられていないために、

多くの人間は、歩むべき道筋《みちすじ》すら認識《にんしき》できないでいる。
そして、歩むべきでない道を歩み、
自《みずか》らは、平坦《へいたん》なる道を楽々と旅しているつもりであって、
その実、
ある者は深い谷に下《くだ》り、
ある者は沼地《ぬまち》に下《お》り、
ある者は断崖絶壁《だんがいぜっぺき》より海に落ちる。

それが、真なる、霊的《れいてき》なる目で見た、人生の真実である。
肉体の目でもって見るがゆえに、
自らが、今、

そのような危険《きけん》な道を歩んでいるということを、
また、数十年後に、そして、その先に待ち構《かま》える未来《みらい》が、
いかなるものであるかということを、
知らないままに生きている人が多い。
しかし、霊的なる目、
すなわち、この世を去りたる実在界《じつざいかい》の目から見れば、
いかなる道が真理の道であり、
直《なお》き道であり、真《ま》っ直《す》ぐなる道であり、
いかなる道が人々の人生を狂《くる》わす道であるかということは、
一目瞭然《いちもくりょうぜん》である。

ただ、そのことは、
唯一《ゆいいっ》、正しい宗教においてのみ教えられる真理によって
導《みちび》かれるものであり、
それ以外《いがい》の、いかなる学問や教育、思想においても、
その真なる道を指し示《しめ》すことはできない。
ここにこそ、宗教の真なる使命がある。

──『伝道の心』より

第3章

人《じん》類《るい》幸福化の原点

The Starting Point for Human Happiness

宗教心《しゅうきょうしん》、信仰心《しんこうしん》は、なぜ大事なのか

1 「宗教心《しゅうきょうしん》」「信仰心《しんこうしん》」は、なぜ大事なのか

「大悟《たいご》三十五周年《しゅうねん》」「立宗《りっしゅう》三十周年」を迎《むか》えた幸福の科学

幸福の科学にとって、二〇一六年は「大悟《たいご》三十五周年《しゅうねん》」「立宗《りっしゅう》三十周年」であり、一つの区切りの年でした。

立宗して三十年がたったので、宗教団体《だんたい》としては、ある程度《ていど》、日本のなかにおいての地位《ちい》は確立《かくりつ》してきたと考えていますし、世界においても知られつつあると思います。

海外で当会を知っている人の人数を合計すれば、たぶん、日本よりは、はるかに多いと思いますが、海外でも、まだまだ現在《げんざい》進行形で活動しているところです。

私の生誕地《せいたんち》である徳島県《とくしま》が、どのくらい海外で知られているかは知りませんが、いずれ徳島県は世界の聖地《せいち》になると考えています。

また、二〇一六年には、立宗三十周年を記念《きねん》して、吉野川《よしのがわ》市の川島町《かわしまちょう》に、「別格本山・聖地エル・カンターレ生誕館」を建立《こんりゅう》させていただきました。

内心では、多少、恥《は》ずかしい気持ちがないわけではないのですが、記念になるものが何か一つぐらいはあったほうがよいのではないかと思っています。きっと、世界のみなさんが参拝《さんぱい》に来てくださるようになるのではないかと信《しん》じています。

未来《みらい》の徳島県には、阿波踊《あわおど》りのときだけではなく、私の生誕日である七月七日あたりを中心にして、さまざまな機会《きかい》に、全世界からいろいろな方が訪《おとず》れるようになるのではないかと考えているので、徳島県の未来はとても明るいのです。

以上《いじょう》を前置《まえお》きとして、本章では、主として宗教的な話をしようと思っています。

徳島《とくしま》県出身の「三木武夫《みきたけお》・元総理《そうり》の霊《れい》」を困《こま》らせた質問《しつもん》

私は、二〇一六年四月二十三日に、本章のもとになった説法《せっぽう》を徳島《とくしま》県で行いましたが、「徳島に関連《かんれん》のある霊界情報《れいかいじょうほう》の収集《しゅうしゅう》が必要《ひつよう》ではないか」と思って、その説法の二日前に、「徳島県から出た、ただ一人の首相」である三木武夫《みきたけお》さんの霊を、幸福の科学にお呼《よ》びし、霊言《れいげん》を収録《しゅうろく》しました（二〇一六年四月二十一日「三木武夫の霊言」）。

前半の内容《ないよう》は、とても理路整然《りろせいぜん》としていて、「偉《えら》い方なのかな」と感じたのですが、後半になると、だんだん、「どうも、霊界のことはあまりご存《ぞん》じではないらしい」と感じるようになったので、「まだまだであるかな」と感じた次《し》第《だい》です。

その際《さい》、質問者《しつもんしゃ》からの質問のなかで、三木武夫さんの霊がいちばん困《こま》っていたのは、「あなたは、なぜ徳島県を選《えら》んで生まれたのですか」という質問でした。「うん？」と一瞬詰《いっしゅんつ》まって、何と答えたらよいのか分からなかったようです。

どうも、「大川隆法が生まれる前に徳島県に生まれて、何か使命を果《は》たしたのか」という意味の質問だったようです。ただ、三木武夫さんが私よりもあとに生まれていたとして、「徳島県に、何のために生まれたのか」と訊《き》かれたら分かるのでしょうが、生まれた順序《じゅんじょ》が逆《ぎゃく》なので、一瞬、答えに詰まった感じがあったことを覚《おぼ》えています。

もし、同じような質問を私が訊かれたならば、どう答えるでしょうか。

やはり、「四国の地は、弘法大師空海《こうぼうだいしくうかい》が八十八箇所《かしょ》の霊場《れいじょう》を定めて以来、千年以上もの間、霊的な地として護《まも》られていた」ということが大きいのではないかと考えています。

生まれ育った環境《かんきょう》から、やはり、文化的なものの影響《えいきょう》をそうとう受けるので、

「そうした霊的な環境のなかに生まれた」ということが大きかったのではないかと考えているのです。

「霊的《れいてき》なこと」を受け付《つ》けない、現代《げんだい》の学問や科学

ただ、そういう信仰《しんこう》深い所に生まれたからといって、すべての問題が解決《かいけつ》したわけではないことも事実であり、私の人生の大半は、「田舎《いなか》的な部分と都会的な部分との葛藤《かっとう》を経《へ》ながら、成長《せいちょう》してくる」という過程《かてい》でした。

世界の情勢《じょうせい》や日本全体を見渡《みわた》す意味において、四国は、そう有利《ゆうり》な地だとは思いません。

しかしながら、郷土《きょうど》の「純粋《じゅんすい》な信仰心」と、「日本全体は、今、どこを向いているのか。世界は、どのような方向に向いているのか」ということを比《くら》べてみて、そのギャップを知ることは、「今、何をなさねばならないのか」ということを考

える意味で、たいへん役に立ちました。「勉強になった」と言ってもよいかもしれません。

四国の徳島に育ち、やがて東京に出ると、「常識《じょうしき》」というものがかなり変《か》わっている印象《いんしょう》を私は受けました。

簡単《かんたん》に言えば、「信仰心やあの世など、『霊的《れいてき》なこと』について表立って話をしても、あまり受け付《つ》けない」という感じでしょうか。コーティングされていて水を弾《はじ》くような感じで、ツルンとしていて、まったく受け付けないような感じでした。

学問においても、科学においても、あるいは都市文明においても、だいたい、そういうところがあったように思います。

また、日本以外の国においても、先進国では、そういう点が非常《ひじょう》に強いのではないかという印象を受けました。

もっと話を大きくすれば、次のようなことが言えます。

現代《げんだい》において、例《たと》えば、「霊界」「あの世」とか、「神様」「仏様《ほとけさま》」、あるいは、「高級霊」「菩薩《ぼさつ》」「如来《にょらい》」という言葉は、学問的には完全《かんぜん》に死滅《しめつ》しかかっており、そういうものは「ないもの」とされています。

そして、「目に見えるこの世だけを、どうにかよくして快適《かいてき》にし、幸福に暮《く》らすのが、人間の目標《もくひょう》、人類《じんるい》の目標だ」と考えるのが主流になっています。

いろいろな学問があり、いろいろな専門《せんもん》がありますけれども、どれもこれも、「地球の表面上で起きていることがすべて」のように見えていて、宇宙《うちゅう》を見ても、「天体望遠鏡《ぼうえんきょう》で見える世界がすべて」という感じで見ていて、これが「開かれた世界」だと思っている人が多数なのです。

戦後《せんご》の日本人の信仰心は「縁起《えんぎ》を担《かつ》ぐ」というレベル

二〇一六年四月に出した、福田赳夫《ふくだたけお》・元総理《そうり》の霊言の「まえがき」にも書いておいたのですが（『自民党諸君《じみんとうしょくん》に告《つ》ぐ　福田赳夫の霊言』〔ＨＳ政経塾刊〕参照）、アメリカでアンケートを取り、「あなたは神を信《しん》じていますか」という質問をストレートにしたら、九十八パーセントぐらいの人が「信じています」と答えることが多かったようです。

調査《ちょうさ》によって少し違《ちが》うこともありますが、だいたい九十八パーセントぐらいの人が「神を信じています」と答え、「信じていない」と答える人は二パーセントしかいないのです。

一方、日本では、「あなたは神を信じていますか」とズバッと訊いた場合、「信じています」と答える人は十数パーセントです。そういう答えは、十五パーセント前後、十五パーセントか十六パーセントぐらいしか返ってきません。まともに「神を信じていますか」と訊いたら、一、二割《わり》の人しか、「信じています」と言えないのです。

ところが、「あなたは正月に初詣《はつもうで》に行きますか」「お盆《ぼん》にはお墓参《はかまい》りをしますか」「お守りなどを信じますか」「お祓《はら》いを受けたりしたくなることがありますか」などというかたちで訊いたら、半数以上の人は、「そういうことはあります」と答えます。

「神様を信じていない。仏様を信じていない」と言っても、「合格祈願《ごうかくきがん》」や「交通安全祈願」などのお守りを持っていたりするのです。

神も仏もなかったら、そういうものを持っていても意味がないと思うのですが、『縁起《えんぎ》を担《かつ》ぐ』というレベルぐらいの薄《うす》い信仰心《しんこうしん》だったら、この世の今の進化についていくことができ、共存《きょうぞん》できるぐらいの範囲《はんい》でいられる」という感じでしょうか。それが今の日本の常識なのではないかと思います。

しかし、これは、世界の常識から見れば、かなり外《はず》れているわけです。

ただ、決して、昔からこうだったわけではないのです。第二次世界大戦《たいせん》後、この風潮《ふうちょう》が極《きわ》めて強くなりました。新しい憲法《けんぽう》ができ、政治《せいじ》と宗教の分離《ぶんり》を決められ、「学校教育から宗教を追放する」ということが行われてからは、宗教は一種《いっしゅ》の迷信扱《めいしんあつか》いをされてきたのですが、それ以前もみな、そうだったわけではありません。

つまり、戦後の七十年余《あま》りが「異質《いしつ》」なのです。その前の日本人は、「神を信じていますか」と訊かれたら、今のアメリカ人が答えるように、九十八パーセントぐらいの人は、「神様や仏様ぐらい、いて当たり前でしょう」と答えたと思います。

戦争《せんそう》で敗《やぶ》れた国の価値観《かちかん》が、全部間違っていたかというと、そんなことはありません。「そこまで自虐《じぎゃく》的になってはいけないのだ」ということを申し上げておきたいのです。

一部、物質文明のなかで勝ち負けが生じることはありますが、「それによって、今まで持っていた伝統《でんとう》が全部否定《ひてい》されたり、信じていたものが全部崩《くず》れたりする」というのは行きすぎであって、やはり、きちんとした揺《ゆ》り戻《もど》しがあって、元に戻らないといけないわけです。

霊言集《れいげんしゅう》を何百冊《さつ》も出し、霊人《れいじん》たちの「個性《こせい》の違《ちが》い」を示《しめ》している

「そういう気持ちになっていただきたい」と思って、三十年間、幸福の科学の活動をしてきました。

私自身、説法を数多く行い、また、理論《りろん》的な本をたくさん出してきたのですが、それ以外にも、霊言集《れいげんしゅう》というものを、そうとうの数で出してきました（注。二〇二〇二三年十月現在、（公開霊言シリーズは六百書を超《こ》えている）。「霊言集を出さなくても、総裁《そうさい》の考えとして教えを説《と》けば十分ではないか」と言う方もいますし、私もそう思って、十数年間、新たな霊言集を出さずにいた時期もあります。

しかし、だんだん、若《わか》い人が生まれて大人になってくると、「霊言」というものを知らない人が増《ふ》えてき始めました。

「え？　あの世ってあるの？　死んでも人間としての個性《こせい》がそのまま残《のこ》っているなんてことが、あるんですか。脳《のう》が魂《たましい》なんじゃないんですか。脳が停止《ていし》したら、人間として終わりなんじゃないですか」と考えて、このあたりを「当たり前で、常識だ」と思っている人がすごく増えてきたのです。

「魂やあの世などと思っているのは、脳や神経の作用だ」と思っている人が大《おお》勢《ぜい》いるわけですが、火葬場《かそうば》で焼かれてからも思考力が残っていたら、「そうではない」ということになるでしょう。そこで、霊言集を数多く世に送っているのです。

そのなかには、私の考えとは多少ずれている意見のものもあります。その人特《とく》有《ゆう》の考えがあるので、私の考えとは、ずれているものもあるのです。

そういう意味では、「教義《きょうぎ》の統一」は難《むずか》しくなるのですが、「この世で個性が違《ちが》うように、死んで、あの世に還《かえ》っても、個性の違いはそのままあるのだ」ということをお教えするために、たくさんの霊言集を出してきました。

それはどういうことかというと、みなさんは、今世《こんぜ》に生まれて、何十年かの人生を生き、やがて、あの世に還ります。「みなさんは、死んで、肉体を火葬場で焼かれ、お墓に入れられたら、それで終わりではないのですよ」ということを意味しているのです。

これは、すごく大きなことなのです。

信仰心には「この世を善良《ぜんりょう》にしていく力」がある

「死んで、火葬場で焼かれ、お墓へ入れられ、それで終わり」だったら、「残された時間で、とにかく自分が満足《まんぞく》できるように、快適に、エゴイスティックに生きればよいのだ」と思うかもしれませんが、「もし、『死んで終わり』ではなかったとしたら、どうするか」という観点から考えると、人生はコロッと変わってくるわけです。

さらに一歩進めて言えば、昔の人が言っていたような、「亡《な》くなったお祖父《じい》さんやお祖母《ばあ》さんが見ているのですよ」というあたりから始まって、「神様、仏様があなたの人生を見ているのですよ」という言い方もあります。

これは、「今では、笑《わら》う人が大半だろう」と思うようなことでしょうが、もし、これを「本当だ」として、「神様、仏様が見ている」「亡くなったお祖父さんやお祖母さんが、私の一生をずっと見守っている」と思って生きたら、悪いことの一つも、なかなか、そう簡単にはできません。

子供《こども》でも同じです。中学生や高校生で、「コンビニには、夜間、店員は一人しかいなくて、とろいから、二つか三つ商品を〝持っていって〟も、分からないだろうな」という気持ちがあったとしても、ふと、「やはり、お祖父さんが見ているかもしれないなあ」と思ったり、「仏様は見逃《みのが》さないだろうなあ」と思ったりして、それを止《と》めようとする力が働《はたら》いてくることがあります。

こういうものが実は信仰心の力なのです。信仰心には、実は、「この世を善良《ぜんりょう》にし、道徳的《どうとく》に推《お》し進めていく力」があるのです。

「自分ならざる者が自分を見守っている。ほかの人が見ていなくても、別《べつ》の世界から自分を見守っている存在《そんざい》、自分の一生をジーッと見守っている存在がいる」と思うことによって、自分の人生を正すことができるようになるわけです。

ただ、「丸見えで、監視《かんし》カメラで見られている」というようなことが感じられると、人生は不自由《ふじゆう》なので、それが分からないようにはなっています。「自分がやっていることを見られていない」と思って生きていられるようにはなっているのです。

しかし、時折《ときおり》、そういうものを霊感的に感じたり、自分の両親や親戚《しんせき》などから、そういう宗教的な話を聞いたりすることがあり、それで、ふっと気がつくことがあります。

そういうものの存在を忘《わす》れないようにすることは、とても大事です。そのような「宗教心」「信仰心」というものは大事なのです。

2 善悪《ぜんあく》を分ける「二つの方向」

毎日、〝幽霊《ゆうれい》〟の相手をしている私でも、ホラー映画《えいが》は怖《こわ》い？

今、日本で広がっている「霊的《れいてき》なもの」や「宗教的《しゅうきょう》なもの」のなかには、残念《ざんねん》ながら、誰《だれ》もが怖《こわ》がるような内容《ないよう》を持っているものが非常《ひじょう》に多くあります。

私は毎日のように、霊言《れいげん》を録《と》ったり、あの世の方と実際《じっさい》に話をしたりしています。そして、それを本にしたり、映像《えいぞう》として公開したりしています。「そのような人間は、あの世の人など別《べつ》に怖くも何ともないだろう」と思うでしょう。公式的には、そうです。全然《ぜんぜん》、怖くも何ともありません。

ただ、そんな私でも、「リング」だとか、「らせん」だとか、「着信《ちゃくしん》アリ」だとか、「エクソシスト」だとか、そういうホラーものの映画を観《み》ていると、やはり怖いのです。「うわっ、怖い、怖い。ゾクゾクしてくる」と思ってしまいます。しかし、ふと気がついて、「あれ？　私は毎日、〝幽霊《ゆうれい》〟の相手をしているのだから、怖がってはいけない」と思うことがあります。「そういうものをつくっている人は、『怖がらせよう』と思っていて、霊などについては、話には聞いているかもしれないが、よく知らずにつくっているのだ。毎日、あの世の人と話をしている私が、そういう人がつくったものを観て怖がってはいけないな」と考え、思い直すことがあるのです。

ただ、ときどき、仕事をしていて、「この世は、なかなか手強《てごわ》い。難《むずか》しいなあ。もう、どうしようもないな」と思うようなときに、つくりものではあっても、ホラーものを観ると、身震《みぶる》いというか、武者《むしゃ》震いをして、「これは戦《たたか》わねばならん」という気になることもあるので、そういうものの効能《こうのう》がゼロというわけではありません。

悪魔《あくま》を退散《たいさん》させるには、悟《さと》りに伴《ともな》う「法力《ほうりき》」が要《い》る

特《とく》に、エクソシスト（悪魔祓《あくまばら》い師《し》）ものの映画では、バチカン公認《こうにん》のエクソシストたちが悪魔と戦ったら、たいていコロコロと負ける話になっています。

登場人物たちは、窓《まど》から落ちたり、階段《かいだん》を転げ落ちて死んだりするのですが、あまりにも情《なさ》けないので腹《はら》が立ってきます。

私も悪魔を数多く相手にしたことがありますが、私はあんなに弱くはありません。映像でご覧《らん》になった方もいると思いますが、たいてい、数秒ぐらいで退散《たいさん》させているので、簡単《かんたん》なのです。「出ていけ！」と言ったら、バーンと出てしまいます（注。悪魔の霊言を収録《しゅうろく》する必要がある場合には、悪魔を入れて語らせることもあるが、霊言終了《しゅうりょう》後、数秒で悪魔を退散させる）。

それほど力の差《さ》があるので、映画のようにはならないのです。映画では、バチカン公認のエクソシストたちが、ラテン語の『聖書《せいしょ》』を読み、十字架《じゅうじか》を掲《かか》げ、「聖水《せいすい》」という水を振《ふ》り掛《か》けても、向こう（悪魔）は笑《わら》っていて、全然、出ていかないわけです。

しかし、本当に「悟《さと》り」を持っていて、その悟りに伴《ともな》って「法力《ほうりき》」というものがあったら、悪霊《あくれい》、あるいは悪霊《あくりょう》、悪魔というようなものであっても、退散させることができます。

悟って、日々、それを実践《じっせん》している人には、一種《いっしゅ》の力がついてきます。禅定《ぜんじょう》をすれば、「禅定力《りき》」というものがついてくるように、いろいろな修行《しゅぎょう》をすれば、力がついてくるのです。

四国では弘法大師《こうぼうだいし》の密教《みっきょう》が流行《はや》っていますが、弘法大師の一生も、おそらく〝エクソシストの一生〟であっただろうと思います。いろいろな悪魔祓いをたくさんやっていただろうと思うのですが、私にはそれがとてもよく分かるのです。

「他人《ひと》の幸福と不幸《ふこう》のどちらを願《ねが》うか」が人間の方向を決める

死んで浮《う》かばれていない人、例《たと》えば、交通事故《じこ》で亡《な》くなったり、急な病気で亡くなったりして迷《まよ》っている人の霊が出てくるのは、よくあることであり、おかしくも何ともないのです。ただ、その奥《おく》にあって、そういう霊たちを地獄《じごく》に引きずり込《こ》もうとしたり、あるいは、そういう霊たちを、ある家庭に解《と》き放ち、その家庭をもっと不幸《ふこう》にし、目茶苦茶《めちゃくちゃ》にしようとしたりする霊人《れいじん》がいます。

そういうことを本当に計画的に考え、後ろから操《あやつ》っている霊人がいるのです。こういう者と対決することもありますが、やはり、許《ゆる》しがたいものはあります。

自分一人が不幸であることについては、多少、受け止めなくてはいけない面はあるかもしれませんが、自分が幸福になれないときに、せめて、他人《ひと》を不幸にし、それを嘲笑《あざわら》って快感《かいかん》を味わおうとする人が、世の中にはいるのです。

それは、例えば、自分はお金儲《かねもう》けに成功《せいこう》しなかったけれども、他人がお金儲けに失敗《しっぱい》したり、破産《はさん》や倒産《とうさん》をしたりしたら、「ざまを見ろ」と言って喜《よろこ》ぶ人です。あるいは、自分の病気が治《なお》らないときに、隣《となり》の誰それさんがガンになって死んだと聞いて、「ざまを見ろ」と思う人です。

そのように、他人の不幸を見たら、胸《むね》がスッとしたり、「許せる」という気分になったりする人は、やはりいると思うのです。

ただ、「これは、人間として考えて、やはり最低《さいてい》の心だ」ということを知らなくてはいけないと思います。

環境《かんきょう》や政治制度《せいじせいど》、周《まわ》りの影響《えいきょう》によって、自分が幸福になれないこともありますし、たまたま家庭に恵《めぐ》まれないこともありますが、自分が恵まれないこと、あるいは、現在《げんざい》、幸福感を得《え》られないことには、何らかの理由があることもあります。

そういうことも、やはり、よく考えるべきです。それをもって、「ほかの人の不幸を願《ねが》う心」のほうに向かっていくようであったら、これは、いわゆる「悪《あく》霊《りょう》」や「悪魔」の気持ちに通じていくものなのです。そのことは知らなくてはいけません。

原理は簡単なのです。それほど大きく難しいものではありません。

「他人様の幸福を願う方向」で考えているか。「他人様の不幸を願う方向」で考えているか。どちらを願うかが人間の方向を決めるのです。

もっと簡単に言えば、他人の幸福を願いながら数十年の人生を生きた人たちは、基《き》本《ほん》的に、天国という世界に還《かえ》ることになっています。

あの世の天使や菩《ぼ》薩《さつ》たちも、そういう人が亡くなったら、きちんと「お迎《むか》え」に来て、行くべき所へ連《つ》れていってくれます。

ところが、生きているときに、何か他人の不幸を願っていて、実際に、それに加担《かたん》するというか、悪霊《あくれい》や悪魔たちがやっていることを、この世に生きながら、一緒《いっしょ》になって行《おこな》っている人がいます。

例えば、いじめです。周りが何人かでいじめをやっているときに、「そんなことをやってはいけない」と思いつつも、自分も参加《さんか》することで快感を得たりする人がいます。あるいは、「いじめに参加することで、自分がいじめられなくなる」と思い、いじめっ子グループのなかに入ることで身を護《まも》ろうとする、卑怯《ひきょう》な心を持って生きている人もいます。

どちらも同じであり、やはり、他人の不幸を願う方向に引っ張《ぱ》られていきます。

善悪《ぜんあく》といっても、基本的には、そういうことです。

ほかの人の幸福のほうを選《えら》ぼうとするか。ほかの人を幸福にするように、自分の人生をつくり上げていきたいか。そういう人生を生きたいか。そういう仕事をしていきたいか。それとも、反対に、他人様の不幸を願う方向で生きたいか。この二つに大きくは分かれます。

細《こま》かくは、それぞれのケース分けがいろいろとあるとは思いますが、基本的には、そういうことなのです。

「ほかの人の幸福を願う人間」を地上に増《ふ》やしていく

幸福の科学が目指している「人類《じんるい》の幸福化」とは、どういうものでしょうか。

私どもは、基本的に、「ほかの人の幸福を増《ふ》やしていくようなことを願《ねが》っている人間」を、この地上に増やそうとしています。

「世の中を悪くしよう」とか、「他人《ひと》を不幸にしよう」とか、そのような気持ちになり、「それが当たり前なのだから」と思い、そちらだけで行《い》ってしまっては駄目《だめ》です。

人間の持っている動物性というか、動物的本能《ほんのう》としては、当然、自分の身を護り、ほかの人を蹴落《けお》としたり、そういうことを思ったりします。

動物は、みな、「食べられる恐怖《きょうふ》」でいっぱいです。「食べられる恐怖」と「飢《う》え死にする恐怖」が、動物たちの持っている基本的な恐怖です。この二つから逃《のが》れることは、ほぼできません。一生、「飢える恐怖」と「食べられる恐怖」「殺《ころ》される恐怖」でいっぱいなのです。

それが人間世界でも広がりつつあるわけです。

しかし、私たちは、もう一段高度な存在《そんざい》として、やはり、善悪の観念《かんねん》をはっきりと持たなければいけないのです。

善悪は、個別《こべつ》具体的には難しいものがあり、何とも言えないところはありますが、大きく言えば、前述《ぜんじゅつ》したように、「他の人々をその方向で引っ張っていくことが、他の人々を幸福にするのか、不幸にするのか、それをよく考えて生きなさい」ということです。原点は、ここにあるのです。

3 政治《せいじ》問題を宗教《しゅうきょう》の立場で考える

「自衛隊員《じえいたいいん》の命を護《まも》れ！」と言った民進党幹部《みんしんとうかんぶ》

「善悪《ぜんあく》」は、大きく言うとそういうことですが、個別《こべつ》に見ると、難《むずか》しい問題もあります。

宗教団体《しゅうきょうだんたい》の多くは、今、政治《せいじ》問題としては、「反戦《はんせん》」「平和」「環境保護《かんきょうほご》」等に取り組んでおり、そちらのほうを支援《しえん》する方向に行《い》っている団体が多数です。お坊《ぼう》さんたちもそうですし、新宗教もキリスト教も多数はそうです。

「反戦」「平和」「環境保護」「沖縄《おきなわ》のジュゴンを護《まも》れ」などの言葉は、耳触《みみざわ》りがとてもよく、訴《うった》えていて気持ちがよいのです。

一方、例《たと》えば、〝戦争法案《せんそうほうあん》〟と言われている、日米が共同《きょうどう》で軍事《ぐんじ》行動を取れるようにする安保《あんぽ》法案は、「よろしくない。戦争に巻《ま》き込《こ》まれるではないか」と言われたりしています（注。安全保障関連《ほしょうかんれん》法は、二〇一五年九月三十日公布《こうふ》、二〇一六年三月二十九日から施行《しこう》された）。民進党《みんしんとう》（当時）の政調会長になった方が、「自衛隊員《じえいたいいん》の命を護れ！」と言っているのを聞いて、私は引っ繰《く》り返りそうになりました。

「ええっ？　自衛隊員が日本国民の命を護るのではなかったのですか」と思い、一瞬《いっしゅん》、耳を疑《うたが》ったのです。

例えば、火災《かさい》がたくさん発生しているときに、「消防《しょうぼう》隊員の命を護れ」と言って、一生懸命《いっしょうけんめい》、消防車の前で演説《えんぜつ》している人がいたら、普通《ふつう》は、「あなた、何を言っているのですか。火事で燃《も》えている所から、命を懸《か》けて人を助け出すのが、消防隊の仕事でしょう？　火消しをするのが消防隊の仕事でしょう？」と言われるでしょう。

「消防隊員の命を護れ。出動しては相《あい》ならん！」と言っている人がいたら、「ちょっとおかしいのではないか」と思うのが常識《じょうしき》でしょう。

そのように、生命《せいめい》の危険《きけん》を伴《ともな》う職業《しょくぎょう》も世の中にはあります。

警察官《けいさつかん》もそうです。「警察官の命を護れ」と言っていたら、警察官は危険な所には出かけなくなります。「今、ナイフを持った男が家に押《お》し込んできました。来てください！」と言われたのに、警察官が、「いや、私も怖《こわ》いから行きません」と言っていたら、仕事になりません。これでは単《たん》なる「税金泥棒《ぜいきんどろぼう》」です。そうとしか言いようがないのです。

職業によっては、他の人たちを護るために、生命の危険を伴う働《はたら》きをしなくてはいけない人もいるわけです。

宗教系統《しゅうきょうけいとう》の人たちが「悪」に対して勘違《かんちが》いしてはいけないこと

宗教《しゅうきょう》で言えば、私たちもそうです。

前述《ぜんじゅつ》したように、この世の人が死んで不成仏《ふじょうぶつ》になっている場合もあります。それはよくあることではありますが、それ以外《いがい》に、（生きている人のなかで）大きな野心を持ち、この世の中を悪くしようとしている人たちが動いているときには、やはり、これを止めようとして、現実の行動を起こさなければいけないこともあります。

そのためには、「個人の力」だけでは駄目《だめ》で、多くの人たちの「集合の力」が要《い》ります。たくさんの人の思いを集め、その悪くしようとしている「方向性」を変《か》えていかなければならないのです。

そのあたりを勘違《かんちが》いしてはいけないと思います。よく考えてください。

「平和」や「環境保護」を訴える人たちはいますし、宗教系統《けいとう》の人たちも、そういうことを言うのがすごく好《す》きです。私も、できればそれを言ってみたいと思ってはいるのです。

しかし、その結果《けっか》、最終的《さいしゅうてき》に卑怯《ひきょう》な自分をつくり、他の人々の幸福についてはどうでもよく、無関心《むかんしん》で、「ただただ自分のことだけをやっていればよい」という気持ちになるのであれば、問題があるのではないでしょうか。

このあたりは、もう少し賢《かしこ》くないといけないのではないかと思います。

地震《じしん》が多発するときには国が乱《みだ》れている

地震《じしん》も、現在《げんざい》ただいまのテーマではあるのですが、非常《ひじょう》に難しい問題です。

地震が起き、被災《ひさい》して、亡《な》くなる方や救助《きゅうじょ》を求《もと》める方がいます。そういう人を助けに行くのは英雄《えいゆう》的な行為《こうい》ですし、それに反対する人は誰《だれ》もいません。

幸福の科学も、これまでずっと、炊《た》き出しをしたり、給水《きゅうすい》をしたりしてきています。これは当たり前のことであり、全然《ぜんぜん》、批判《ひはん》すべきことではありません。

ただ、その原因《げんいん》のところ、「なぜ、そういう地震が起きるのか」ということについて、唯物論《ゆいぶつろん》的にだけ考え、「断層《だんそう》があるから起きるのだ」などと言う人もいるのですが、「ちょっと待ってください」と言いたいのです。

断層は昔からいくらでもあるのですが、「なぜ、それが今、活発化しているか」というところが問題なのであり、それを私どもは調べていっているわけです。

日本列島は世界の地震の一割《わり》ぐらいを起こしており、地震そのものを止《と》められるわけではないのですが、過去《かこ》を調べてみても、地震が多発するようなときには、やはり、国が乱《みだ》れているときがすごく多いのです。

国が乱れるときには、「地震」「津波《つなみ》」「火山の噴火《ふんか》」「飢饉《ききん》」「疫病《えきびょう》」などが流《は》行《や》ります。そういうときに、いろいろな宗教家たちが出て、新しい教えを説《と》いたりします。あるいは、政治においては革命《かくめい》が起き、幕府《ばくふ》が倒《たお》れ、新しい政権《せいけん》に替《か》わったりします。そのようなことがたくさん起きています。

それは、天から見放された場合のことだと思うのです。

日本に関係《かんけい》する神々は「世直し」を促《うなが》している

近年では、「阪神《はんしん》・淡路大震災《あわじだいしんさい》」あたりから始まって、「東日本大震災」や熊本《くまもと》での地震というかたちで、大きな地震が続《つづ》いています。

ここ二十年から二十五年の間、日本は経済停滞《けいざいていたい》の時期に入っていますが、「どうやら、天上界《てんじょうかい》は、あまりよい思いを持っていないらしい」ということが分かります。「日本に関係《かんけい》する神々も、これをあまりよしとされていない」ということが分かるのです。

「この国は、もう一段《いちだん》、力強く発展《はってん》して、世界のリーダーになるべき立場にあるのに、それを放棄《ほうき》しているのではないか」という不満《ふまん》がおありなのではないかと私は思います。

そういう意味で、「世直し」を促《うなが》していらっしゃるのではないでしょうか。それが、私たちがキャッチしている霊界情報《れいかいじょうほう》です。

幸福の科学に関して言えば、「幸福の科学というものを三十年ほど前に立宗したのに、まだ、こんなものか。この程度《ていど》しか進まないのか。何をしているのだ」と、むしろ叱《しか》られているのではないかと思っています。

「三十年たって、まだ、こんなものか。もっともっと『世直し』ができるかと思ったのに、進んでいないではないか」というようなことを問いかけられているのではないかと思い、私のほうは責任《せきにん》を感じています。

もう一段の大きなうねりの力があってもよいですし、そういう力が日本国中で湧《わ》き上がってこなければ、世界にまでは、なかなか手が届《とど》かないのが現実なのです。この悔《くや》しさには何とも言いがたいものがあります。

徳島《とくしま》県には「エル・カンターレ空港」があってよい

四国のみなさんは、「熊本や大分《おおいた》の辺《あた》りで断層が動き、地震がたくさん起きている。『中央構造線《こうぞうせん》』は、愛媛《えひめ》県の松山《まつやま》辺りや徳島《とくしま》県の吉野川《よしのがわ》付近《ふきん》までつながっているので、その辺り全部で地震が起き、四国が半分ぐらいに割《わ》れるのではないか」というようなことを妄想《もうそう》し、怖がっているかもしれません。

どっこい、四国は私の生誕《せいたん》の地です。そんなことは許《ゆる》しません！

これから、幸福の科学の基本《きほん》的な思想や考え方、人類《じんるい》を幸福化するためのエネルギーを、世界に流していきたいと思っています。

その中心地、発信地《はっしんち》であり、私のゆりかごというか、揺籃《ようらん》というか、生まれの地、足場において「弱い」ということには、やはり、何とも言えないものがあります。

例えば、高知《こうち》には「高知龍馬《りょうま》空港」があり、徳島にも「徳島阿波《あわ》おどり空港」がありますが、「阿波おどり」でなくてもよいのではないでしょうか。「徳島エル・カンターレ空港」という名称《めいしょう》であっても全然悪くないのではないかと思います し、世界の人には、そのほうが分かりやすいのではないかとも思うのです。

「そう思うところぐらいまではやらないと、徳島の信者《しんじゃ》、あるいは四国の信者としては、力が少し足りないのではないか」という気がします。私が、そのような強い後押しを地元から受ければ、とてもうれしく感じます。

私は四国出身ですし、徳島県出身なので、徳島に不利《ふり》になるようなことを考えたりはしないつもりでいるのですが、まだ、それだけのご信頼《しんらい》を十分に得《え》ていないので、残念《ざんねん》な気持ちでいっぱいです。

私の講演会《こうえんかい》のうち、例えば、七月の「御生誕祭《ごせいたんさい》」や十二月の「エル・カンターレ祭」は、地方のテレビ局では、今、六、七局ぐらいで放送されているのですが、まだ私の地元辺りでは放送されておらず、テレビ和歌山《わかやま》を観《み》なくてはいけないのではないかと思います。

「まだ、地元の盛《も》り上がりが、やや欠《か》けているのではないか」という気がしているので、もう一段、「本拠地《ほんきょち》の強さ」というものを見せていただきたいと思います。

天理教《てんりきょう》は、奈良《なら》県に天理市ができてしまうぐらいの強さを持っているわけですから、「本拠の強さのようなものがあってもよいのではないか」という気持ちは持っています。

4 伝道《でんどう》で「救《すく》いのチャンス」「悟《さと》りのよすが」を与《あた》える

この世とあの世の間の垣根《かきね》を跳《と》び、真理をつかめ

私が述《の》べたいことを整理します。

最初《さいしょ》に、「真実は何か」ということを確定《かくてい》しなければいけません。

この世に生きている人は、学校での教育だけでは、「人間は、魂《たましい》がある存在《そんざい》なのか、肉体だけの存在なのか」ということが分かりませんし、学校教育には、どちらかといえば、「目に見えるもの、肉体だけが自分なのだ」と教えるような傾《けい》向《こう》が出てきています。

「肉体が自分だ」という考えのなかで道徳《どうとく》を説《と》いても、それは交通ルールを教

えている程度《ていど》にしかすぎないことが多く、精神性《せいしんせい》が足りません。精神性を高めるためには、「真実の世界」について教えなければいけないのです。

したがって、教育者や社会的地位《ちい》のある方々が、きちんとした信仰心《しんこうしん》を持っていることが非常《ひじょう》に大事です。そういう偉《えら》い方々には、「真実の世界」について勉強し、きちんと知っていてほしいのです。それから、知識《ちしき》階級の方にも勉強していてほしいのです。

近代の原理のなかでは、とにかく、科学的にも、「疑《うたが》い」というものを中心に据《す》えたりもしていますし、ジャーナリスティックにも、「疑って疑って、真理をつかむ」というような考え方が、けっこう強く出てきています。

しかし、疑うことだけが真理を得《え》る方法《ほうほう》ではありません。真理というものには、一気に飛《と》び込《こ》まないと得られないところもあるのです。

この世とあの世の間には、どうしても垣根《かきね》があるので、その垣根を跳《と》ばなくてはいけません。あるいは、溝《みぞ》というか、谷を跳ばなくてはいけないのです。思い切って跳ばないかぎり、つかめないところが真理にはあるわけです。

「信仰を持つ」とは、そういうことなのです。どこかで跳ばなくてはいけないのです。

ところが、どう見ても、谷の幅《はば》がかなりあるように見え、跳ぶと落ちそうに思えるために跳べません。これが普通《ふつう》の人間なのですが、この世に毒《どく》されていくうちに、だんだん、それがすごく難《むずか》しいことのように感じられ、「向こうに行ったら、怖《こわ》いことが起きるのではないか」と思うようなところがあるのです。

しかし、「真理は何であるか」ということを確信したら、その真理をガシッとつかまなくてはいけないのです。

私と釈尊《しゃくそん》に共通《きょうつう》する「過去《かこ》・現在《げんざい》・未来《みらい》を見通す目」

もう学問も駄目《だめ》になってきているのですが、ものを扱《あつか》う唯物論《ゆいぶつろん》的な学問だけが駄目になったのではなく、宗教学《しゅうきょうがく》や仏教学《ぶっきょうがく》なども駄目なのです。これももう哲学《てつがく》のようになってしまっています。

二千五百年以上《いじょう》前のお釈迦《しゃか》様の教えも、人間の頭のなかで考える哲学になってしまい、哲学をひねくり回しているようになっているのです。

仏教系《けい》の大学があっても、そこで教えていることも、そういうものです。「とにかく坐禅《ざぜん》の作法《さほう》を守れ」とか、「念仏《ねんぶつ》を称《とな》えろ」とか、「『南無妙法蓮華経《なむみょうほうれんげきょう》』と唱《とな》えろ」とか、とりあえず、かたちをつくることまでは教えるのですが、中身がありません。中身については信じていないのです。

例《たと》えば、「お釈迦様は、ヨガの行者《ぎょうじゃ》のように坐禅をしていただけなのだ」と思い、「質素《しっそ》に生活して坐禅をしていれば、それで済《す》むのだ」というように考えている人が、けっこう多いのです。

しかし、それは違《ちが》っています。

確《たし》かに、坐禅をしたり精神統一《とういつ》をしたりしてはいましたが、釈尊《しゃくそん》の人生を見てみると、「菩提樹下《ぼだいじゅげ》で悟りを開いたときに、三明《さんみょう》を得た。三つの明かりを得た」と、はっきり書いてあります。

三明とは何かと言うと、「過去《かこ》を見通す目」「現在《げんざい》を見通す目」「未来《みらい》を見通す目」の三つのことです。「悟ったときに過去・現在・未来が分かるようになった」と仏典《ぶってん》にはっきり書いてあるのです。「三明を得る」とは、そういうことです。

「過去が分かる」とは、どういうことでしょうか。

幸福の科学の会員、信者のみなさんはご覧《らん》になったでしょうが、当会の支部《しぶ》や精舎《しょうじゃ》では、私が行《おこな》った「過去世《かこぜ》リーディング」の映像《えいぞう》を観《み》ることができます。

そのなかで、私は対象者《たいしょうしゃ》について、「前世《ぜんせ》はどうであるか。その前はどうであるか。どういうカルマを持っているか」ということなどをリーディング（霊査《れいさ》）しています。

そのなかでは、「今回は女性だが、前世では男性だった」「今回は男性だが、前世は女性だった」「前世でこんなことをしていた」ということがたくさん出てきています。これは「過去を視《み》ている」のです。

そして、「それが、今、どのように影響《えいきょう》しているか」ということなどを考えたりします。例えば、家庭または親族で問題が起きているとき、「これには、今、こういうものが霊的に働《はたら》いている」とか、「こういう原因《げんいん》がある」とか、こういうものを見抜《みぬ》きます。これは「現在を視る目」です。

あるいは、「世界の情勢《じょうせい》が、今後、どうなるか」というようなことを視ることもできます。例えば、「中国の習近平氏《しゅうきんぺいし》の心のなかは、どうなのか」などということを見通します。これも「三明」のなかの「現在を視る目」です。「世界皇帝《こうてい》をめざす男」『中国と習近平に未来はあるか』（共に幸福実現党刊）参照）、「ドナルド・トランプ氏は、今、こんなことを考えている」とか（『守護霊《しゅごれい》インタビュー　ドナルド・トランプ　アメリカ復活《ふっかつ》への戦略《せんりゃく》』〔幸福の科学出版刊〕参照）、こういうことを見抜くのが宗教者の力なのです。他の人の心のなかが読めるわけです。

さらには、「未来を見通す目」で、「未来は、どうなるか」ということを読むことができます。

そして、未来が読めたら、「人間の生き方や人類《じんるい》の未来は、それでよいのかどうか」ということを考え、「よろしくない」と思うなら、それを転換《てんかん》すべき思想を発信《はっしん》しなくてはいけません。考え方を出して、「こちらのほうに行きなさい。こういう考え方に変《か》えなさい」と言わなくてはいけないのです。

こういうものが「三明」ですが、「釈尊は、悟りを開いたときに三明を得た」と言われているのです。

「六大神通力《じんつうりき》」を得て《え》、遠隔透視《えんかくとうし》等ができた釈尊

また、釈尊は、これ以外に、「六大神通力《じんつうりき》を得《え》た」とも言われています。六大神通力には、いろいろな能力《のうりょく》がありますが、どれも霊能力に関係《かんけい》することです。霊能力に関係する神通力を得た人が、「あの世はない。神も高級霊も存在しない。死んだら何もかも終わりだ」という教えを説いたはずがないのです。

そういう、根本的で当たり前のことを、大学者や、偉い階級にいる僧侶《そうりょ》が分からなくなっています。

釈尊の時代には今のような交通機関《きかん》がなかったため、精舎《しょうじゃ》と精舎の間を歩きながら伝道《でんどう》していましたが、それは、今、「回峰行《かいほうぎょう》」という、山のなかを歩いたり

する修行《しゅぎょう》になったりしています。しかし、それは外見のところだけを見ているのです。

それから、坐禅をしている人も、外見のところを見ており、中身のほうが見えていません。

釈尊は、いったい、どういう体験《たいけん》をしたのでしょうか。

実は、「瞑想《めいそう》によって実在《じつざい》世界と同通する」という修法《しゅうほう》を行《ぎょう》じていたのです。だからこそ、新しい智慧《ちえ》をいろいろと得ることもできましたし、禅定《ぜんじょう》しながら、はるかに離《はな》れた所、何百キロも離れた所にいる人たちの姿《すがた》を視ることもできました。

釈尊は菩提樹下で悟りを開いたところに遠隔透視《えんかくとうし》をしています。そういう話が仏典に載《の》っているのです。

仏教に付《つ》きものの鹿《しか》の園《その》、鹿野苑《ろくやおん》（現在のサールナート）という所に、以前、釈尊と一緒《いっしょ》に修行をしていた五人の修行者たちがいたのですが、何百キロも離れているにもかかわらず、釈尊は、そのことを遠隔透視し、最初の法を説いて法輪《ほうりん》を転じようと、そこに向かって歩いていっています。

釈尊には、「かつて自分と一緒に修行をしていた人たちが、今、どこで何をしているか」が視えたのです。

今、私が現《あらわ》している能力、すなわち、いろいろな著書《ちょしょ》や映像等でお見せしている能力と、釈尊が持っていた能力とは、ある程度、似通《にかよ》った能力です。

ただ、若干《じゃっかん》違う面もあります。私は、例えば、「宇宙人《うちゅうじん》リーディング」（注。生きている人の潜在《せんざい》意識のなかから、過去の転生《てんしょう》において宇宙人だったころの記憶《きおく》を読み取ったりすること）を行うこともありますが、これは、話が何億年《おくねん》も前まで行くので、話が大きすぎて、「信じられない」という方も当然《とうぜん》いるかとは思います。

一方、仏教には、『ジャータカ物語』というものがあって、過去世の話、ずっとずっと昔からの転生輪廻《りんね》の話が幾《いく》つも出てきます。大部分は説話《せつわ》風になっていて、そのとおりには信じられないものが多いのですが、「過去世がたくさんあった」という話を釈尊はしています。

釈尊は、リーディングをしながら、「こういう転生輪廻の結果《けっか》、今、あなたには、こういう魂の傾向《けいこう》が出てきている」と言い、「だから、今、病気が出てきている」とか、「だから、今、こういう家族問題が出てきている」とか、「今、仲《なか》の悪い二人になっているけれども、前世では敵同士《てきどうし》であったのだ。そういうことを思い出して今世《こんぜ》では仲良くしなさい」とか、そのようなことを言っていたのです。

そういうことが分かったあとで、仏教の教えを読み直してみると、全然違った面が見えてきます。

しかし、鎌倉期《かまくらき》の仏教者たちであっても、そういうことがほとんど分からない人が多いのです。

一方で、私が見るに、空海《くうかい》はかなり霊体験が豊富《ほうふ》なので、「ある程度まで分かっていたのではないか」と思うところはあります。

自分自身の心を磨《みが》くとともに、周《まわ》りに法《ほう》を伝《つた》えていく

私がみなさんに説きたいのは次のようなことです。

「個人《こじん》としての悟り」を求《もと》める修行は、あくまでも、最初から付きまとっています。「自分自身が悟りを持ち、その悟りの力でもって自分自身の心を浄化《じょうか》し、自分自身の真なる幸福感を高める」という修行は、一生、付いて回るものです。

そして、「自分自身の心を、どのようにつくり上げたか」ということが、死んであの世に持って還《かえ》れるもの、そのものなのです。

この世でつくったものは、全部、あの世には持って還れません。あの世に持っ

て還れるのは、みなさんの心しかないのです。

心しか持って還れないので、「心をよく磨《みが》き、正しい方向に向けて日々に精進《しょうじん》し、あの世に還る」ということが、みなさん個人にかかわる「第一の悟り」です。

そして、「第二の悟り」とは次のようなものです。

人間は、一人で生きていくものではありません。人間は、たった一人で生きるものではなく、やはり、集団《しゅうだん》で、大勢《おおぜい》で生きているものなのです。

そういうことを考えたら、「今の時代に、似たような環境《かんきょう》のなかに生まれ、同じ地域《ちいき》、あるいは同じ職場《しょくば》で生きている人たちがいる。たまたま縁《えん》があって、今、同時代に生きているのだから、彼らにも『救《すく》いのチャンス』を与《あた》えたい。彼らにも『悟りのようすが』を与えたい」と思わなくてはなりません。

「法《ほう》を伝《つた》える」「教えを伝える」という行為《こうい》は「伝道」とか「布教《ふきょう》」とかいわれていますが、これは非常に大事なことです。

宗教的なことは学校では教えてくれません。また、昔は、家庭にも学校としての機能《きのう》があったわけですが、今はもう、家庭が学校としての機能を失《うしな》い、宗教教育や魂教育の場としての意味を失っている時代です。

「学校で駄目、家庭でも駄目」ということであれば、誰《だれ》かが宗教的に導《みちび》いてくれないと、縁に触《ふ》れないままで終わってしまうことがあるのです。そういうことを知っていただきたいと思います。

自分だけがよくなるのではなく、自分の周《まわ》りにいる人たちにも真理の世界に目《め》覚《ざ》めていただき、さらに、真理に目覚めた者同士が手を携《たずさ》えて、「ユートピア社会をつくっていこう。この世をよくしていこう。この世を仏国土《ぶっこくど》にしていこう」と考え、そのための現実の活動に取り組んでいくことこそ、大事なのです。それを言っておきたいのです。

したがって、心のなかで思っているだけでは駄目です。せっかく、この世で修行場《じょう》を頂《いただ》いたのだから、このなかでユートピア化をしていかなくてはなりません。「このなかで、どう生きたら、どう共に考えて生きたら、世の中はよくなるか」ということを考えていかなくてはならないわけです。

5 「生涯現役《しょうがいげんえき》」の人生に向けて

税金《ぜいきん》を投入しなければ、公認《こうにん》の老人《ろうじん》ホームは成《な》り立たない

ＮＨＫは〝老後破産《ろうごはさん》〟を扱《あつか》った番組を放送し（二〇一六年四月）、「年を取ったら、お金がなくなって、野垂《のた》れ死にするぞ」というような脅《おど》しをかけていました。

それは、「親子で住んでいても同じことだぞ。親子で住んでいても、子供《こども》が親の介護《かいご》をしなくてはいけないから、子供が働《はたら》けなくなり、親子が共倒《ともだお》れになる

ぞ」というような内容《ないよう》でした。「ＮＨＫスペシャル」で、そんなものを流していましたが、これは考えものです。

結論《けつろん》は何なのでしょうか。要《よう》するに、「老後はお先真っ暗だから、とにかく、どこからでもよいので税金《ぜいきん》を持ってきて、ぶち込《こ》め」と言っているようにしか聞こえないのです。

また、ＮＨＫでは、老人ホームの経営《けいえい》のことを取り上げても、だいたい、「無《む》届《とど》け老人ホームは、けしからん」という感じで報道《ほうどう》していました。

しかし、よく考えてみてください。

「公認《こうにん》されている、有料《ゆうりょう》の老人ホームに入ったら、月額《げつがく》で約《やく》二十五万円も要《い》る」などと言われています。一人で月額二十五万円も要るとなると、これはけっこう大変《たいへん》です。それだけのお金はなかなか出せません。

一方、月額約十万円の料金でやっている老人ホームは、「無届け老人ホーム」

と言って責《せ》められているわけです。

老人ホームは、今の制度《せいど》では、どう考えても経営的に成《な》り立ちません。私どもも幸福の科学は宗教《しゅうきょう》なので、「老人ホームもつくってみたい」と思い、少し実験《じっけん》を開始しているのですが（注。栃木《とちぎ》県宇都宮《うつのみや》市で「シニア黄金館」を運営している）、今の規則《きそく》だと、老人を百人受け入れる、きちんとした施設《しせつ》をつくるには、七十人ぐらいの職員《しょくいん》が要るのです。

「百人の老人の面倒《めんどう》を見るのに七十人の職員が要る」というのでは、経営的に成り立つはずがありません。これは経営者なら絶対《ぜったい》に分かることです。商店をやっている人であっても分かるはずです。

百人を受け入れるのに七十人の職員が要るのでは、絶対、経営的に成り立つわけがないので、それを成り立たせるために、あとで補助金《ほじょきん》をたくさん入れるのでしょう。したがって、税金をたくさんもらわなかったら、できるわけがありません。

要するに、税金を投入しなければ成り立たないような規則をつくり、それで「老人ホームが足りない」とか、「保育所《ほいくしょ》が足りない」とか、いろいろなことを言っているのです。税金を必《かなら》ず入れないかぎり採算《さいさん》が取れないような規準《きじゅん》をつくり、なかなかつくらせないようにして、規準を満《み》たしたところには税金を投入させるようにしようとしているわけです。

この税金は、どこかから集めなくてはいけません。要するに、役人は自分たちの権力《けんりょく》が増《ふ》えるようなことばかり考えているわけです。

これは実にけしからんことです。これをよく考えたほうがよいのです。

許認可行政《きょにんかぎょうせい》の〝善意《ぜんい》〟は「机上《きじょう》の空論《くうろん》」

私たち幸福の科学でさえ、百人の老人を受け入れるのに七十人の職員が要るとなったら、とてもではありませんが、老人ホームをやれません。

「一万人をお世話するのに七千人の人が要る」と言われたら、たまったものではないのです。

百万人をお世話する老人ホームを建《た》てるとなったら、そこでは七十万人ぐらいの人が働かなくてはいけません。これだと、若者《わかもの》がほとんど老人ホームで働かなくてはいけなくなります。そうしたら、ほかの仕事は、いったい誰《だれ》がするのでしょうか。それをする人はいないのです。

この先に見えるものは何かと言うと、〝姥捨《うばす》て山《やま》〟です。捨てられる可能性《かのうせい》がありますし、「年を取ることは罪《つみ》なのだ」と言われて、罰金《ばっきん》をかけられることになるかもしれません。「八十歳《さい》を過《す》ぎたら一歳ごとに罰金をかけられ、早く死にたくなる」というような政策《せいさく》が実施される可能性もないわけではありません。

役所は〝善意《ぜんい》〟でやっているのだとは思います。もともと〝善意〟でやっていて、「手厚《てあつ》い看護《かんご》をしろ」とか、「老人に個室《こしつ》を必ず与《あた》えろ」とか、そういうことを非常《ひじょう》に〝善意〟で考えているのでしょうが、実は「机上《きじょう》の空論《くうろん》」であり、これは中央計画経済の間違いなのです。

実際《じっさい》に経営をしたり、商売をしたりしたことのない人が考えるから、こんなことを起こすのです。「便利《べんり》になれ」と思ってやっていても、実際には、不自由《ふじゆう》になっていくわけです。こういうことが、あちこちで、たくさん起きています。学校でも起きていますし、ほかのところでも数多く起きているのです。

したがって、今、必要《ひつよう》なことは、こうした許認可行政《きょにんかぎょうせい》の無駄《むだ》なところを取り払《はら》い、民間《みんかん》で実際にやれるレベルで、まずは動かしていくことです。ニーズがあるなら、そのニーズを受け止め、それを消し込んでいく努力《どりょく》をしなくてはなりません。それを認《みと》めることが大事なのではないかと思うのです。

できるだけ長く現役《げんえき》で働《はたら》き、〝ピンピンコロリ〟を目指す

幸福の科学の信者《しんじゃ》に関《かん》しては、強いご加護《かご》を頂《いただ》けるように努力しているので、できるだけ長く現役《げんえき》で働《はたら》いていただきたいと思います。

チューブを差《さ》し込まれて、十年も二十年も、老人ホーム代わりに病院に入ったりしなくて済《す》むように、そして、〝ピンピンコロリ〟（注。寿命《じゅみょう》が来るまでピンピンしていて、ある日、コロリと死ぬこと）という感じで逝《い》けるように、「ピンピンコロリ正心法語経《しょうしんほうごきょう》」でもつくろうかと思ったりもしています（笑）（注。幸福の科学の根本経典《こんぽんきょうてん》は『仏説《ぶっせつ》・正心法語』）。

他の宗教は「南無妙法蓮華経《なむみょうほうれんげきょう》」や「南無阿弥陀仏《なむあみだぶつ》」で済ませています。そんなに簡単《かんたん》なものでよいのであれば、私が、「ピンピンコロリ正心法語、ピンピンコロリ正心法語……」と言って吹《ふ》き込んだ、三十分ぐらいのＣＤを出せば、けっこ

う〟いく〟かもしれません。

今のままでは、やはり、国の財政《ざいせい》が破綻《はたん》して、絶対に老人の面倒を見られなくなります。もう分かっています。したがって、もう、国や地方公共団体《こうきょうだんたい》にはあまり頼《たよ》らないほうがよいのです。

できるだけ、自分の体が駄目になる十年ぐらい前から、少しずつ訓練《くんれん》をして体を鍛《きた》え、また、十年後に必要となる知識《ちしき》の習得《しゅうとく》に励《はげ》んでいかなくてはなりません。新しい職業に就《つ》いて仕事ができるよう、十年ぐらい前から勉強を始め、準備《じゅんび》をしていくことが大事です。頭を鍛え、体を鍛えなくてはならないのです。

それから、人間関係についてですが、年を取ると、若い人に対して、苦情《くじょう》や不《ふ》平不満《へいふまん》、怒《いか》りが出やすくなるので、ここを丸める必要があります。

年を取った人から見たら、若い人は未熟《みじゅく》なので、そこを責めたくなるのですが、それはお年寄《としよ》り全体の傾向《けいこう》なので、「ああ、これはいかん」と思わなくてはなりません。

そして、「自分は人生で何十年か先を行《い》っているので、彼らの欠点《けってん》が見えるだけであり、彼らが悪いわけではないのだ。自分たちも、何十年か前に戻《もど》ってみれば、そんなものだったのに、今、それが分からなくなっているだけなのだ」と考えるべきです。

年を取ったのなら、その人生経験を生かして、若い人のよいところを見つけてやり、長所を伸《の》ばしてあげる。よいところがあったら、ほめてやり、悪いところがあったら、遠回しに注意したり、自分たちで気がつくようにしてあげる。

そのような「ちょっとした心掛《こころが》け」を積《つ》むことによって、「年を取ると、若い人に嫌《きら》われ、若い人が離《はな》れていく」ということがなくなってくるのです。

口の利《き》き方や態度《たいど》の取り方のほんの少しの違いで、「若い人とお年寄りの交流が可能になるか不可能になるか」が決まるので、年を取ったら、言葉遣《づか》いや話の内容に気をつけ、よい人間関係を構築《こうちく》しておくことが大事です。

「正しい思い」や「正しい言葉」は非常に大事なのです。

十年おきぐらいに発心《ほっしん》し、「学習」や「体力づくり」に励《はげ》む

そういうことは、仏法真理《ぶっぽうしんり》の書籍《しょせき》のなかにたくさん書いてあります。

本の宣伝《せんでん》になったら申し訳《わけ》ないとは思うのですが、私の著書《ちょしょ》一冊《さつ》は、ほかの本を百冊読む以上《いじょう》の値打《ねう》ちがあります。今後、六十歳から百歳ぐらいまでの人口が増えてきますが、私の著書を読む方がだんだん増えていけば、それらの方々が、現役で、かくしゃくとして活躍《かつやく》する未来をつくれると思うのです。

後世の人たち、若い人たちに迷惑《めいわく》をかけないようにするためには、そのようにしていったほうがよいと思います。

みなさん、「生涯《しょうがい》現役」で、ピンピンしていて働けるようになろうではありま

せんか。

ただ、この言い方は外国では必ずしも〝ウケ〟ないのです。

こういう「生涯現役」の話を、ロシアの支部長《しぶちょう》がロシアで話すと、「六十歳にもなったら、もう仕事を辞《や》めてもよいではないか。『まだ働け』と言うのか。何という教えだ」と言って、現地の方が怒《おこ》るそうです。

向こうは寿命《じゅみょう》が短いのかもしれません。寒いので、六十五歳や六十六歳で死ぬのかもしれないのです（注。ロシア人の平均《へいきん》寿命は、二〇一三年の時点で、男性は約六十六歳、女性は約七十六歳である。一方、日本人の平均寿命は、二〇一五年の時点で、男性は約八十一歳、女性は約八十七歳である）。

しかし、平均寿命が八十歳や九十歳近くまで来ている国では、六十歳ぐらいで仕事を辞めるわけにはいきません。

「四十歳のとき」「五十歳のとき」「六十歳のとき」というように、十年おきぐらいに、それぞれ発心《ほっしん》して、「知的な学習」や「体力づくり」に励《はげ》めば、次の十年間が約束《やくそく》されます。

これを心掛けて、努力してください。

そういうことを私は説《と》いているので、勉強してください。

とにかく、今は、「日本人、目覚《めざ》めよ！　心を入れ替《か》えて、総決起《そうけっき》せよ！」という時期が来たのです。それを申し上げておきます。

明るい未来をつくるために、自分自身の心を正すと同時に、「他の人と力を合わせ、新しい社会を建設《けんせつ》していく。その一翼《いちよく》を担《にな》う」ということを実践《じっせん》していかなくてはなりません。これが大事です。

これから、毎日、具体的な行為《こうい》で努力・精進《しょうじん》していこうではありませんか。

蜘蛛《くも》の糸ほどの信仰《しんこう》さえあれば…

困難《こんなん》の中にある時、
人は苦悩《くのう》し、
憔悴《しょうすい》し、
疲《つか》れ果《は》てる。
口からは、
否定的《ひていてき》な言葉しか出ず、
明日《あす》を信《しん》じる勇気《ゆうき》もなくなる。

しかし、
私は断言《だんげん》する。
あなたに、
蜘蛛《くも》の糸ほどの信仰《しんこう》さえあれば、
仏《ほとけ》は、あなたを、
軽々と助け上げられると。

まず、信じなさい。
つぎに、リラックスしなさい。
仏は、必《かなら》ず、
問題を解決《かいけつ》してくださると思いなさい。

仏の救《すく》いを信じて、
明るい前向きの心を持ちなさい。
今、与《あた》えられていることに、感謝《かんしゃ》しなさい。
これからは、
無理《むり》をせず、
あなたにできることを、
ゆっくりとやっていきなさい。
揺《ゆ》るぎない信仰の前に、
困難などないと、信じなさい。

――『師弟《してい》の道　心の指針 第二集』より

あなたに贈る言葉③

第4章

時代を変《か》える奇跡《きせき》の力

The Miraculous Power to Change the Era

危機《きき》の時代を乗り越《こ》える「宗教《しゅうきょう》」と「政治《せいじ》」

1　活動が多方面にわたってきた幸福の科学

今はまだ「第一期工事の終わり」を迎《むか》えた段階《だんかい》

本章のもととなった法話《ほうわ》は、九州で行《おこな》ったものです。九州での大講演会《だいこうえんかい》は久《ひさ》しぶりでしたが、私の九州への愛情《あいじょう》が失《うしな》われていたわけではありません。

その間、全国で、総本山《そうほんざん》をつくり、正心館《しょうしんかん》や支部《しぶ》をつくり、また、幸福の科学学園那須《なす》本校、関西《かんさい》校、あるいは、ハッピー・サイエンス・ユニバーシティ（HSU）をつくってきました。さらには、幸福実現党《じつげんとう》をつくって政党《せいとう》運動等もしてきたわけです。

そのため、講演会に足を運ぶ回数が少し減《へ》っていましたが、私の気持ちは昔とまったく変《か》わっていません。

幸福の科学は、始まった当初《とうしょ》より、この九州の地から起きた熱《あつ》い伝道《でんどう》の思いで広がっていった教団《きょうだん》です。沖縄《おきなわ》では、全国に先駆《さきが》けて書籍《しょせき》伝道というものが始まり、この九州では、いわゆる対人伝道、他の方への伝道が、全国に先駆けて力強く始まっていきました。いつもいつも、九州の地は私の心の支《ささ》えになっていたのです。

また、現実に日本の歴史《れきし》を見ても、新しいことは西から起きてくるものでもあったでしょう。

当会も、宗教《しゅうきょう》活動としてはもう満《まん》三十年、私の大悟《たいご》からは三十五年がたちました（発刊時点）。一世代が終わり、私の同世代にも、第一線を退《しりぞ》く方々がだいぶ出てきたように感じます。

しかし、私は、まだ退くわけにはいきません。今、第一期工事が、ようやく終わりを迎《むか》えてきたところだと思っています。

振《ふ》り返ってみると、全国で講演会だけを開催《かいさい》していくのは、そう難《むずか》しいことではなかったのですが、宗教として広げていくためには、土地も建物《たてもの》も必要《ひつよう》ですし、人材《じんざい》も必要でした。

また、人材を養成《ようせい》するにも時間がかかりましたし、教育の理想や政治《せいじ》の理想、国際的《こくさいてき》な展開《てんかい》などを考える時間も必要だったのです。

そうやって、いろいろなことに取り組んでいるうちに、三十年の歳月《さいげつ》がたってしまいました。今、まるで玉手箱《たまてばこ》を開けて驚《おどろ》いているような状況《じょうきょう》です。私は年を取っていないつもりでいるのに、昔から知っている人がどんどん年を取っていくのが、不思議《ふしぎ》でしかたがありません。

ちなみに、私は夜、夢《ゆめ》を見ても、いつも十代後半から二十代のころのことばかりで、三十歳から先のことは、めったに出てこないのです。幸福の科学を始めてからあとは無我夢中《むがむちゅう》だったせいで、出てこないのでしょうか。

そういう意味で、私は、いつも青年の気持ちを忘《わす》れないでいます。そして、まだまだ完成《かんせい》にはほど遠い現状にあるということを、常《つね》に肝《きも》に銘《めい》じているのです。

一人ひとりがメッセージを受け取り、できる人から行動してほしい

なお、幸福実現党も、今年（二〇一六年）で立党七周年《しゅうねん》になります。幸福の科学の事業で、これほど時間がかかったものは、いまだかつてありません。私も少し驚いているぐらいです。

やはり、活動が多方面にわたっているため、難しくはあるのでしょう。どうも、人間の頭というのは、一つのことしか考えられないらしいのです。おそらく、幾《いく》つかのことを同時にやり始めても、順番《じゅんばん》でないとできなくなってしまうのかもしれません。

しかし、私の頭はそうはなっていないのです。言わば、〝タコ足配線型《がた》〟で、いろいろな方向に向かっています。そのため、幸いにして、地球各地《かくち》に思いが届《とど》いているわけです。

ところが、それを受けるほうの方々は、やはり、一つひとつ順番にやってくれないと、なかなか進まないということなのでしょう。

例《たと》えば、先般《せんぱん》、沖縄で講演を行ったのですが（二〇一六年一月三十日、沖縄県・沖縄コンベンションセンターにて、「真実の世界」と題し法話を行った。『現代の正義論《せいぎろん》』〔幸福の科学出版刊〕第2章参照）、その前日に、当会のある職員《しょくいん》が、幸福実現党の沖縄の立候補《りっこうほ》予定者と面談したところ、「うちの支部では植福目標《しょくふくもくひょう》をまだ達成《たっせい》していないので、政治活動がなかなかできないのです」というようなことを言われたそうです。

私は、「ああ、それは大変《たいへん》だね」と答えつつ、「運営《うんえい》というのは難しいものだな」と、つくづく思いました。

そこは小さな支部で、なかなか植福目標が達成できていなかったようですが、「そちらを達成して、時間が余《あま》ったら政治活動をする」というわけです。その話を聞いて、時間がかかる理由がよく分かったような気がしました。要するに、同時に二つ以上《いじょう》の仕事ができないということです。

ところが、今、当会が行《おこな》っている活動は、パッと見ても五つ以上はあるでしょう。そうなると、地方本部長や支部長が間に入った場合、活動の内容《ないよう》が信者《しんじゃ》まで通らなくなってきているのだと思います。

したがって、信者一人ひとりが、私から出されているメッセージを受け取り、できる人から行動してください。

政治活動も、そのなかの一つです。主張《しゅちょう》自体は、従来《じゅうらい》からそう大きく変わっているわけではありません。

また、当会が政党を持っていなかったときにも、ほかの政党に、たくさんの三《さん》帰信者《き》がいました。実は、現在《げんざい》もいるのですが、少し首を引っ込《こ》めて様子を見ている状態《じょうたい》でしょう。

しかし、そんなに〝遠慮《えんりょ》〟しなくていいのです。私は、自民党《じみんとう》であろうが民進党であろうが、何とも思っていません。別《べつ》に、共産党《きょうさんとう》や公明党であっても、「信者になりたかったら、どうぞいらしてください」と思っています。私の心は、そんなに狭《せま》くないのです。

あくまでも私は、将来《しょうらい》、この国がよくなり、世界もよくなる方向に情報《じょうほう》を発信《はっしん》しています。その情報をそれぞれの政党が器相応《うつわそうおう》に受け取っているのでしょうが、当会は、他宗排斥《はいせき》的な考えは持っていないし、他の団体や、異《こと》なる行動を取っているものに対しても、一定の理解《りかい》はしているのです。その上で、「こちらのほうがよい」と思うことを、情報として発信しています。

その意味で、当会は異端審問《いたんしんもん》のようなことはしません。また、入るのも自由、やめるのも自由になっています。それは、自信の表れの一つでもあるでしょう。

2 現在《げんざい》進行形で行われている「あの世の証明《しょうめい》」

信仰《しんこう》は簡単《かんたん》に手放してはならない

本章のもとになった講演会《こうえんかい》には、長らく眠《ねむ》っておられた〝幽霊《ゆうれい》会員〟〝幽霊信《しん》者《じゃ》〟の方々が、久々《ひさびさ》に講演会があるということで、出てこられたと聞きました。おそらく、そういう方々は、教学をしすぎて、「支部長《しぶちょう》の話なんか聞いていられるか」と思っているのかもしれません。しかし、支部長もまだ修行《しゅぎょう》を積《つ》んでいるところなのです。勉強を始めた時期が信者と大して変《か》わらないために、それほど教えるものが上積みできないでいるのでしょう。

ただ、信仰《しんこう》とは、一度つかんだら、そう簡単《かんたん》に手放してはいけないものなのです。

信仰を手放すということは、たとえて言えば、今まで積み立てた貯金《ちょきん》がすべて消えるようなものです。あるいは、年金がすべて消えるようなものでしょう。

さらに、老後《ろうご》の保障《ほしょう》ばかりではなく、死んでからあとの保障がまったくなくなるのが、「信仰を捨《す》てる」という行為《こうい》なのです。年金が蒸発《じょうはつ》したら、老後に困《こま》るでしょうが、信仰を手放したら、老後からその先まで困ります。むしろ、死んでからあとが、本当に困るのです。

私は、「人は永遠《えいえん》の生命《いのち》を持っている」ということを、三十年間説《と》き続《つづ》けていますが、あの世に還《かえ》ると、「どういう種類《しゅるい》の人であるか」という区分けが行われます。その際《さい》、まずは、「どの宗教《しゅうきょう》を信じておられる方ですか」と訊《き》かれるのです。

ところが、「宗教を信じていませんでした」「唯物論《ゆいぶつろん》です」などという方は、その時点で、いったん〝落第《らくだい》〟になります。そして、〝日の射《さ》さない地下施設《しせつ》の予《よ》備校《びこう》〟に入り、十分に学力がつくまでは地上に出られないようになっているのです。要《よう》するに、日の光に当たると皮が剝《む》け始めるような状態《じょうたい》になるので、とりあえず、暗いところで勉強していただかなければなりません。

一方、宗教を信じていた方は、「どの宗教ですか」と問われて、「キリスト教です」と答えればキリスト教に、「仏教《ぶっきょう》です」と答えれば仏教のグループに案内《あんない》されます。あるいは、「イスラム教です」「ユダヤ教です」「ヒンドゥー教です」「日本神道《しんとう》です」等、いろいろな宗教があるでしょう。ともかく、「自分がいちばん信じているもの、もしくは、魂的《たましいてき》に近い縁《えん》があるものは何か」ということを訊かれて、そこに分類されていき、霊界《れいかい》へのガイダンスが始まるわけです。

そのときには、天使がお迎《むか》えに来ますし、天使の姿《すがた》では納得《なっとく》がいかない方の場合には、お坊《ぼう》さんの姿でお迎えが来ることもあれば、神主《かんぬし》の姿でお迎えに来ることもあります。そして、それぞれのあの世での生活場が定まり、教育のカリキュラムや仕事の方向が決まっていくのです。

幸福の科学は、このことを証明《しょうめい》するために、三十年間活動してきました。

例《たと》えば、各種《かくしゅ》のリーディングや霊言《れいげん》等は、六百回以上行《いじょうおこな》っていますし、公開霊言シリーズの本も、四百書以上出しています（発刊時点）。このようなことは、世界的に見ても例《れい》がありません。歴史《れきし》上に、まったくないのです。そういうことが、現在進行形で行われています。

確《たし》かに、これまでにも、「あの世がある」と言った人はたくさんいるでしょう。しかし、「あの世が存在《そんざい》する」「人間が霊的な存在である」ということを実際に証明してみせようとした人は、数少ないと言わざるをえません。そして、この霊言集一冊一冊が、その証明に向けての一歩なのです。

幸福の科学が、あえて「科学」を名乗っている理由がここにあります。つまり、徹底的《てってい》に実証の精神《せいしん》を持ち、証拠《しょうこ》を積み上げていこうとしているのです。

また、そうすることで、宗教が忘《わす》れ去られている現代において、間違《まちが》った価《か》値観《ちかん》のなかで教育を受け、間違った思想を持って仕事に没頭《ぼっとう》している人たちに、「本来の使命とは何であるか」を教えようとしているわけです。

この世ではさまざまな人生修行《しゅぎょう》が待ち受けている

この世に生まれることは、そんなに簡単なことではありません。この世で数十年の人生を生き、あの世に還ってまた新たな生活をし、数十年、数百年した後《のち》に、再《ふた》びこの世に生まれ変わってくるのです。そのときには、何カ月か母親のお腹《なか》に宿り、人の話し声が少し聞こえる程度《ていど》の、真っ暗ななかで我慢《がまん》して、まったく無《む》力《りょく》の状態で生まれてきます。これは、過去《かこ》にどれほど偉《えら》い人であっても、条件《じょうけん》は同じです。今世《こんぜ》において、はたして自分がうまくいくかどうか分からない不安《ふあん》のなか、泣《な》きながら生まれてくるわけです。

これが、「生《しょう》・老《ろう》・病《びょう》・死《し》」のなかの「生《しょう》」の苦しみです。

その後、人生の荒波《あらなみ》のなかで、いろいろなことを経験《けいけん》します。

例えば、学校でいじめの問題に苦しむこともあるでしょう。自分がいじめる側《がわ》になることもあるかもしれません。また、事故《じこ》に遭《あ》うことも、病気になることもあります。あるいは、父親、母親、兄弟、姉妹《しまい》、祖父母《そふぼ》、その他、身近な方々が亡《な》くなっていく場面に遭うこともあるわけです。

さらには、安全だと思って生まれた家が、倒産《とうさん》の憂《う》き目に遭うこともあるでしょう。生まれてくる前に、どこまで進学するかを考えていても、現実にこの世に生まれてみたら、家の生活状態が変わってしまい、残念《ざんねん》ながら、思ったようなところに進学できないこともあります。なかには、今世、初《はじ》めて学ぶ学問もあるために、それを修得《しゅうとく》できないこともあるかもしれません。

仕事に関《かん》しても、現実には自分が思っていたような仕事ができないこともあり、さまざまな仕事を転々とすることもあると思います。

このように、今世では、さまざまな人生修行が待っているわけです。

それを、私は初期《しょき》のころ、「人生は一冊の問題集である」と述《の》べたこともありました。会員数が一万人ぐらいに達《たっ》するころまでは、「答えを教えてあげたいけれども、その問題は、あなた自身が解《と》かねばならないのだ」という話をよくしていたのです。これは、「自力《じりき》を中心とした修行」ということになるでしょう。

他力《たりき》によって起きてきた数々の奇跡《きせき》

しかしながら、教団《きょうだん》が大きくなってくると、「自分の修行」だけでは済《す》まなくなり、実際に「他の人を救《すく》う」ということをやらなければいけなくなってきました。つまり、他力《たりき》をも含《ふく》めなければならなくなってきたのです。

ところが、そうなると、今まで予想もしていなかった、さまざまなことが起きてくるようになりました。

例えば、近年は、「いろいろな病気が治《なお》る」ということが起きています。実際に、「握《にぎ》りこぶし大の腫瘍《しゅよう》が消えてしまう」「立てなかった人が立てるようになる」、あるいは、「目の見えない人が見えるようになる」ということがありました。あるいは、「家族のなかで、今までどうしてもうまくいかなかった人が、急に話が合うようになって、よりが戻《もど》ってくる」というようなことも起きています。さらには、経営《けいえい》に行き詰《づ》まっていたところ、それが打開されることもあります。

このように、「当会の教えに触《ふ》れたり、法友《ほうゆう》に触れたり、あるいは、活動に参《さん》加《か》したりすることによって変わっていく」ということが起きているのです。

ただ、落ち着いて客観《きゃっかん》的に考えてみれば、その理由は分かるでしょう。数多くの、天上界《てんじょうかい》の指導霊団《しどうれいだん》が、私たちを導《みちび》いてくださっているからです。

幸福の科学は「寛容《かんよう》の心」をベースとして始まった宗教《しゅうきょう》

しかし、霊の個性《こせい》をはっきり出し、名前を明らかにして、「誰《だれ》が指導をしているのか」ということを明示《めいじ》しながら指導をする宗教《しゅうきょう》というのは、ある意味で非常《ひじょう》に珍《めずら》しいと思います。名前が出ることはあっても、それは仮《かり》の名前であることが多いでしょう。また、名前が出るにしても、ただ一人の神様が教えているというのが普通《ふつう》のスタイルです。要するに、そうしたほうが教えが統一《とういつ》されて、混乱《こんらん》が少ないからです。

そういうこともあって、「宗教が国を引っ張《ぱ》っていく際には、一元的に価値観を一つにし、イデオロギーを押《お》しつけて、人々を全体主義《しゅぎ》的な方向に引っ張っていくのではないか」という思い込《こ》みが、世間《せけん》にはあるわけです。

一方、当会が公表しているように、五百人もの高級指導霊団がさまざまな教えを説いていたら、「いったいどの教えについていったらいいのだろうか」「自分はどれに当てはまるのだろうか」というようなことを各人が考えなければならなくなります。そうなると、ある意味では、直線的に進むのが難《むずか》しく見えることもあるでしょう。

ただ、「幸福の科学に何百人もの指導霊がいて、日本だけではなく、海外の宗教にかかわった人たちや、政治《せいじ》や経済《けいざい》などにかかわった人たちが、さまざまな霊言、霊示《れいじ》を降《お》ろしている」ということは、「幸福の科学が、その始まりにおいて複数性《ふくすう》を容認《ようにん》している」ということ、すなわち、「『他人《たにん》に対する寛容《かんよう》の心』をベースとして始まった宗教である」ということを意味しています。

ですから、「私個人の思想や信条、考え方だけが重要であり、これ以外の考え方はありえない」と言って押しつけているわけではありません。

私は、「天上界的な考え方のなかにもいろいろなものがあって、それについてはそれぞれお見せしています。その上で選《えら》ぶとしたら、こういう方向のほうがベターでしょう」ということを伝《つた》えているのです。さらには、「それぞれの人の心の発展段階《はってんだんかい》に合わせて、あるいは、魂の修行に合わせて選び取りながら道を歩んでもよい」ということを述べているわけです。

3　神々から降《お》りている「危機《きき》の警告《けいこく》」

「危機の警告」を伝《つた》えなければならないことがある

さて、幸福の科学も、教団《きょうだん》としては、三十年間でかなり発展《はってん》してきました。当教団を「大きい教団だ」と伝《つた》えてくださるところもあれば、「いや、本当は小さいだろう」と言うところもあり、意見としては両方あります。もちろん、宗教《しゅうきょう》の大きさを客観的《きゃっかん》に測《はか》るのは難《むずか》しいことでしょう。しかし、職員《しょくいん》の数を見れば、はっきりと分かるのです。幸福の科学は、日本の宗教団体のなかで、職員の数は二番目です。おそらく、それが教団の大きさだろうと思います。職員の数を見れば、だいたいどのくらいの大きさかは分かるので、今はそのくらいまで来ているということでしょう。

なお、「オピニオン性」「情報《じょうほう》の発信力《はっしんりょく》」という面では、実際《じっさい》には、日本ナンバーワンだと思います。

他の宗教で、これだけアップ・トゥ・デイト（最新）で、現代性《げんだい》のある、今《こん》日《にち》性のある情報について斬《き》り込《こ》んでいき、ジャーナリズムを相手にしながらも、「正しい」と思うことを言い続《つづ》けられる宗教は、ほかにありません。その意味で、体を張《は》り、命を懸《か》けて戦《たたか》える教団になってきたことを、うれしく思っています。ただ、ときに、強い意見を発信することもあるので、それに対して「ついていけない」と思う方もいるでしょう。

もちろん、先ほど述《の》べたように、もとよりのスタンスは、「寛容《かんよう》さをもって多くの人たちを受け入れる」というものです。また、その人たちについてきてもらいたいという願《ねが》いを持っています。

しかし、「危機《きき》が来た。危《あぶ》ない。方向を変《か》えるべきだ」と感じたときには、私は、そのつどそのつど、それを強く述べているのです。

その時点で、私の話を理解《りかい》できない方は、一時期、当会から距離《きょり》を取ったり、離《はな》れたりすることもあるでしょう。あるいは、そういう時期があってもよいかもしれません。

しかし、私は申し上げておきます。地上における人間の「賢《かし》さ」「利口《りこう》さ」と、地上を離れた高級霊界《れいかい》における、神々、あるいはそれに近き高級神霊たちの「考え」との間には、やはり、違《ちが》うものがあるのです。なぜなら、彼らには、さらに見えているものがあるからです。

したがって、「危機の警告」が来ることもあれば、「繁栄《はんえい》の予想」が来ることもあります。あるいは、いろいろなことを、周《まわ》りよりも早く述べることもあるでしょう。そのなかには、残念《ざんねん》な内容もあるし、よい内容もあります。ときどき、「よいことだけを述べ続けたい」と思うこともあるのですが、やはり、危機を伝えなければならないことがあるのです。

例《たと》えば、最近《さいきん》では、二〇一一年の「三・一一」、東日本大震災《だいしんさい》の特集《とくしゅう》が、テレビや新聞等でたくさん組まれています。しかし、私はそれが起こる数カ月前には、「日本に大きな災害《さいがい》が来るであろう」ということを、霊言《れいげん》を通じて発信していました。実際、そのとおりになってしまったわけですが、その原因《げんいん》も、すでに説《と》いていたのです。

ところが、そうしたことを知らずに、起きた現象《げんしょう》だけを捉《とら》え、人々を神々の心からさらに離れた方向に引っ張っていこうとする人も数多くいます。まことに残念なことです。

立党《りっとう》から訴《うった》え続《つづ》けている国防《こくぼう》の危機

また、近年では、幸福実現党《じつげんとう》を立党して以来《いらい》、国防《こくぼう》の危機を訴《うった》えていますが、はっきり言って、宗教家としてはつらいことです。「政治《せいじ》のほうできちんとやってくれれば、こちらは言わなくて済《す》むのに」と思うことが、何度もあります。

一方で、ほかの宗教は、「絶対平和《ぜったいへいわ》」などと言っているわけです。おそらく、新聞を読んでもテレビを観《み》ても何も分からないのでしょう。「何も分からないと、これほど明るく生きていけるのか」と思うと、本当にうらやましいかぎりです。

あるいは、世界が動いても、自分には何も関係《かんけい》がないのかもしれません。「自分の世界」しかなく、日本が「一国平和主義《しゅぎ》」のなかにどっぷりと浸《つ》かった状態《じょうたい》で生きていられるらしいのです。これで楽々と過《す》ぎ越《こ》すことができれば、言うことはないでしょう。「老後《ろうご》の年金がなくなった分をどうするか」だけを考えていればよいわけです。

ところが、「どうもそれだけでは済まないらしい」ということがはっきりと見えてきたので、私は国防の危機を訴えています。

例えば、二〇〇九年、幸福実現党を立ち上げた年に、北朝鮮《きたちょうせん》のミサイルの発射《はっしゃ》がありました。当時は自民党政権《じみんとうせいけん》で、麻生総理《あそうそうり》のときでしたが、あれを見て、日本はまったく対応《たいおう》できなかったのです。

また、その前の年（二〇〇八年）にも、航空自衛隊幕僚長《こうくうじえいたいばくりょうちょう》（田母神俊雄氏《たもがみとしおし》）が、「日本は侵略《しんりゃく》国家であったのか」という論文《ろんぶん》を書いたことで更迭《こうてつ》されたりしました。国の危機が迫《せま》っているにもかかわらず、自民党政権はそういうことをしていたのです。

そのあと、民主党政権が立ち、まったく逆《ぎゃく》回転をし始めました。初代《しょだい》首相の鳩《はと》山由紀夫《やまゆきお》氏は、「アジアの海を友愛《ゆうあい》の海にする」というようなことを言っていたと思います。

ところが、今やその「友愛の海」には、中国が珊瑚礁《さんごしょう》を埋《う》め立ててつくった、ジェット戦闘機《せんとうき》が飛《と》び立てるような島ができているのです。また、三キロぐらいの滑走路《かっそうろ》がある島もあれば、地対空ミサイルを備《そな》えた島もあります。

しかも、実際に中国がこれらの島を取り始めたのは、最近ではありません。一九七〇年代から、台湾《たいわん》やフィリピン、ベトナム、マレーシア等、国境紛争《こっきょうふんそう》のある孤島《ことう》を、少しずつ少しずつ取り始めていき、それが現在《げんざい》まで進んできているのです。

そして、とうとう中国は、アメリカの空母が、「●航行の自由作戦」の一環《いっかん》として南シナ海を通ると、その周りを多数の艦船《かんせん》で取り囲《かこ》むところまで来ました。

これは大変《たいへん》なことであり、一九〇〇年代の人であれば想像《そうぞう》もつかないような事態が、今、起きています。要《よう》するに、「絶対平和」の〝お題目《だいもく》〟だけを唱《とな》えていれば済むかどうかは分からない状況《じょうきょう》になっているのです。

「アジアの一極支配《いっきょくしはい》」を描《えが》いている中国

また、北朝鮮の問題にしても、何度も警告をしてきました。

北朝鮮の核実験《かくじっけん》は、すでに四回行われており（説法《せっぽう》当時。その後、北朝鮮は五回目、六回目の核実験を行った）、特に四回目のもの（二〇一六年一月六日実施《じっし》）については、「水爆《すいばく》実験」ということです。諸《しょ》外国は、なかなか認《みと》めようとはしませんが、金正恩《キムジョンウン》氏はそう言っているのです。さらに、「核の小型《こがた》化に成功《せいこう》した」

●「航行の自由作戦」……　アメリカは、公海や公空を自由に行き来することを脅かしていると判断した国の海域や空域に米軍の艦船や航空機を派遣している。

とも言っていますし、近所に短距離ミサイルも撃《う》ち始めました。先般《せんぱん》より、米韓《べいかん》が過去《かこ》最大規模《きぼ》の合同演習《えんしゅう》を始め、上陸《じょうりく》演習等を行《おこな》っていますが、その時期に、北朝鮮はミサイルを撃っているのです。

なお、『北朝鮮・金正恩はなぜ「水爆実験」をしたのか』（幸福の科学出版・二〇一六年一月緊急発刊）では、金正恩氏の守護霊《しゅごれい》が、「アメリカが攻《せ》めてきても、実は、北朝鮮はイランのほうともつながっている。ミサイル技術《ぎじゅつ》はあちらに輸出《ゆしゅつ》しているので、私たちのミサイルは、イランからでも飛ぶのだ」というようなことを言っていました。そして実際、アメリカが軍事《ぐんじ》演習を始めたあとに、イランからも弾道《だんどう》ミサイルの打ち上げがあり、アメリカは、国連《こくれん》に対して制裁《せいさい》するように申し入れています。金正恩氏の守護霊は、霊言のなかで「北朝鮮とイランは〝地下でつながって〟いるのだ。アメリカも、二カ所同時には攻撃《こうげき》できないだろう」といったことを見通していましたが、そのとおりのことが起きました。

さらに言えば、北朝鮮とイランの弾道ミサイルの技術は、もともと中国から入っているものもあります。したがって、中国が北朝鮮を制裁するようなふりをしてみせても、これが本気でないことぐらいは分かるでしょう。北朝鮮への輸出を止《と》めようと思えば、石油でも何でも止められるわけですが、止めるはずがありません。なぜなら、北朝鮮を中国の代わりに暴《あば》れさせている面があるからです。

そういう意味では、「中国に頼《たよ》らなければ北朝鮮を抑《おさ》えられない」と思っているアメリカやヨーロッパ、日本などの諸外国は、彼らの考えていることが見えていないと言わざるをえません。

非常《ひじょう》に残念ではありますが、世界においては、「正直」だけで政治や外交が成《な》り立っているわけではないのです。やはり、すべて計算ずくで、自分たちが有利になる方向に引っ張っていこうとしている人たちが、たくさんいます。

ちなみに、中国は、今、「アジアを一極支配《いっきょくしはい》する」というスタイルを明確《めいかく》に描《えが》いているわけですが、それは、中国がアメリカ経済《けいざい》を抜《ぬ》く時点で、はっきりと表面化してくるでしょう。

一方、アメリカのほうは、悲しくも、次第《しだい》しだいに退潮《たいちょう》が目立ってきています。まさに、潮《しお》が退《ひ》くように、じわじわと退き始めているところです。

かつては、「スーパー大国、超《ちょう》大国アメリカの、一国優位《ゆうい》の時代が百年は続《つづ》く」と思われていたのに、二十一世紀の扉《とびら》が開《ひら》くと、あっという間に、米中がライバルになってきました。

さらに、中国は、すでにアメリカを抜いたあとのビジョンをつくっています。ところが、それに対する処方箋《しょほうせん》は、まだどこからも出ていません。誰《だれ》も出せずにいるのです。

4 日本の政治《せいじ》のあるべき姿《すがた》

戦後の「護憲体制《ごけんたいせい》」は転換点《てんかんてん》を迎《むか》えている

こうした状況《じょうきょう》の変化《へんか》のなかで、私たちには考えなければならないことがあります。それは、「憲法《けんぽう》の問題」です。

日本では、先の大戦《たいせん》で敗《やぶ》れてから後《のち》、新憲法ができて、その護憲《ごけん》の体制《たいせい》を維持《いじ》することが、教育においても政治《せいじ》においても要求《ようきゅう》されてきました。そして、それが平和のもとであると、長らく教わってきたわけです。しかし、それがどうやら転換点《てんかんてん》を迎《むか》えたらしいということが、今ひしひしと感じられます。

はっきり言えば、日本国憲法の前文に、「平和を愛《あい》する諸国民《しょこくみん》の公正と信義《しんぎ》に信頼《しんらい》して、われらの安全と生存《せいぞん》を保持《ほじ》しようと決意した」と書いてあるにもかかわらず、今、日本の周《まわ》りは「平和を愛する諸国民」だけではなくなっているのです。

もちろん、それぞれの国にはイデオロギーの違《ちが》いもあれば、考え方の違いもあるでしょう。また、アメリカやヨーロッパの言うような「自由」や「民主主義」、「議会《ぎかい》制度」、「法治《ほうち》主義」などが、いつの時代も万能《ばんのう》であったわけではありません。むしろ、中国の本音《ほんね》を聞けば、「専制《せんせい》政治以外《いがい》、成功《せいこう》した経験《けいけん》がない」と言うでしょう。中国では、反対派《は》を完全《かんぜん》に粛清《しゅくせい》して、一極支配《いっきょくしはい》ができたときだけ国が安定し、それ以外のときは、国内でも分裂《ぶんれつ》して戦《たたか》うような時代が多かったので、「民主主義政治など信じられない」というのが本音だろうと思います。

アメリカが言うような「人権《じんけん》外交」など、とんでもないことだと思っているに違いありません。「国民に主権など与《あた》えたら、国なんてすぐに引っ繰《く》り返ってしまう」と考えているでしょうから、話がそう簡単《かんたん》に合うはずがないのです。

例《たと》えば、九〇年代後半、アメリカがクリントン政権の時代に、次のようなことがありました。

中国が人権活動家を迫害《はくがい》しているということで、アメリカが制裁《せいさい》の姿勢《しせい》を見せたところ、中国はすぐにそれを弱めるふりをしたのです。しかし、アメリカが、中国に最恵国待遇《さいけいこくたいぐう》という、経済的《けいざいてき》にも最高の待遇を継続《けいぞく》して与えると、そのとたんに反政府《せいふ》運動家を何百人と逮捕《たいほ》しました。これが中国の実際《じっさい》の姿《すがた》です。

このように、彼らにも信じている価値観《かちかん》というものがあり、それはそう簡単に変《か》わるものではありません。また、どちらが正しいかということも、歴史的《れきしてき》に見て、完全に決定できるわけではないでしょう。

ただ、私たちは今、「自由」「平等」「民主主義」、あるいは、「議会制民主主義」「法治主義」等、人々が多様な価値観のなかで話し合って方向を決め、それをよいものとして受け入れているわけです。したがって、そうした価値観を潰《つぶ》そうとする勢力とは、残念《ざんねん》ながら一緒《いっしょ》にやっていくことはできません。むしろ、私たちは、こうした価値観を広げる方向で努力《どりょく》していきたいという立場に立っているのです。

現今《げんこん》の日本の政治で間違《まちが》いやすい観点《かんてん》とは

ただ、日本の政治の現今《げんこん》を見るかぎり、どうしても間違《まちが》いやすいと思うところがあります。

まずは、「台湾《たいわん》」に関《かん》することです。『緊急《きんきゅう》・守護霊《しゅごれい》インタビュー　台湾新総《そう》統《とう》　蔡英文《さいえいぶん》の未来戦略《みらいせんりゃく》』（幸福の科学出版刊）という本を出しましたが、台湾という国の持つ地政学的意味について、あまりにも鈍《にぶ》すぎるのではないでしょうか。

これは、政治においても、マスコミにおいても、国民においても同じです。

今、香港《ホンコン》が北京《ペキン》政府の言いなりになりつつありますが、台湾が中国本土に組み入れられたら、その流れと同じようになるでしょう。そうなった場合、日本には、アラビア半島からの石油が一滴《てき》も入らなくなる可能性《かのうせい》があります。要するに、火力発電による電気の供給《きょうきゅう》などできなくなるということを、もっとはっきりと理解《りかい》しておかなければいけません。

ところが、そうした状況にもかかわらず、二〇一一年に東日本大震災《だいしんさい》で原発事《じ》故《こ》があったからといって、「原発をゼロにする。二十年以内、三十年以内にゼロにする」というような運動が、この五年間、正義のように展開《てんかい》されています。左《さ》翼《よく》主義者や環境《かんきょう》主義者たちが一緒になって、それが最《もっと》も正義に適《かな》うことであるような言い方をしているわけです。

これを後ろで考えているのは、はっきり言って中国政府でしょうが、原発が止まり、石油が一滴も入らなくなったら、日本はどうなるでしょうか。さらに、核《かく》兵器《へいき》によって、核武装《ぶそう》できない国を脅《おど》すことができるようになったら、どうなるでしょうか。これは、「戦わずして、日本を取れる」ということを意味しています。あるいは、中国ではなく、北朝鮮《きたちょうせん》でも日本を取れるかもしれません。アメリカとの外交がこじれ、日本の危機《きき》に際してアメリカが助けてくれなくなった場合は、北朝鮮のような、人口二千万人程度《ていど》の小国でも、日本を取れる可能性があるのです。

ただ、小国とはいえ、北朝鮮の軍隊《ぐんたい》は百十万人以上もいます。一方、日本の自衛隊《じえいたい》は二十三万人程度です。さらに、艦船《かんせん》数も日本より多く、七百八十隻《せき》ぐらいありますし、ミサイルも数多く保有しています。

なお、北朝鮮が核弾頭《だんとう》の小型《こがた》化に成功しているかどうかは、実際に撃《う》たないと分からないかもしれません。しかし、撃ったときには手遅《ておく》れになる可能性があります。

もし、北朝鮮が、撃てば確実《かくじつ》に当たるという核兵器を持っているとすれば、日本政府はどうするのでしょうか。この場合、アメリカが、全面的に日本のために命を投げ出す決意を示《しめ》してくれないかぎり、日本の〝生命線〟は完全に外国に握《にぎ》られることになるのです。

国民《こくみん》や諸《しょ》外国に対して正直な政治を

やはり、私は宗教家《しゅうきょうか》として、日本人全体を危機にさらすことなどできません。これは、政治的主張《しゅちょう》のためだけに言っているのではないのです。私には、「どの政党《せいとう》が何議席《ぎせき》取るか」ということは、あまり関係もなく、関心もないのであって、本当はどの政党でも構《かま》わないわけです。しかし、リスクを取る政党がないから、今、幸福の科学が、政治運動のなかに踏《ふ》み出しています。それは、われわれに、国内的、従来《じゅうらい》的、戦後史観《しかん》的な、七十年間続《つづ》いた考え方に基《もと》づく批判《ひはん》を受けても、主張を続けるだけの体力や精神《せいしん》的な強さがあるからです。

ところが、ほかの政党はそうではありません。批判を受ければすぐに主張を玉虫色《たまむしいろ》に変え、それまでの意見とは反対の意見でも平気で言います。そして、当選《とうせん》してからは、立候補《りっこうほ》しているときに言っていたこととは全然《ぜんぜん》違うことをやっているわけです。

私は、こういう政治はやめてほしいと思っています。政治家は、国民《こくみん》に対して正直であるべきだし、それは、諸《しょ》外国に対しても同様でしょう。やはり、大国であるならば、世界の人々を正しい方向に導《みちび》き続けるという責任《せきにん》があるのではないでしょうか。

また、当会の信者には自民党関係者もいるので、安倍《あべ》首相（当時）を何度も批判するのは本当に申し訳《わけ》ないとは思うのです。しかし、沖縄《おきなわ》の米軍基地移設《きちいせつ》問題について、辺野古《へのこ》に移転することで解決しようとしていたにもかかわらず、安倍首相は、裁判所の和解勧告《かんこく》を受けて、移設工事を中断《ちゅうだん》しました。一説《いっせつ》によれば、安倍首相は、アメリカの海兵隊を鹿児島《かごしま》県の種子島《たねがしま》の近くの孤島《ことう》に移《うつ》すという案《あん》にのめり込《こ》み、米軍にもこれを打診《だしん》しているとのことです。

もし、これを急に発表したら、沖縄のメディアが喜《よろこ》び、沖縄県民が喜び、日本の左翼陣営《じんえい》も喜んで、次の選挙《せんきょ》では、あっという間に大勝する可能性があるでしょう。

ただ、こういった国防政策《こくぼうせいさく》や外交政策について、選挙対策の観点だけで決めてはならないと思うのです。もっと本筋《ほんすじ》から考えていかねばなりません。

沖縄《おきなわ》が口一つで取られるようなことは許《ゆる》すべきでない

一方で、中国は、「沖縄《おきなわ》は中国固有《こゆう》の領土《りょうど》である。尖閣《せんかく》諸島も中国固有の領土であり、核心的利益《りえき》だ」と言い切っています。

しかし、普通《ふつう》はこんなことは言えないでしょう。日本が同じような発言をするとしたら、例えば、「日清戦争《にっしんせんそう》で勝ち取った遼東《リャオトン》半島は、日本固有の領土である」ということになるのかもしれません。ただ、日本の総理大臣《だいじん》でも報道官《ほうどうかん》でもいいですが、こうした内容《ないよう》を言えるものなら言ってみてください。あるいは、「千島《ちしま》列島も日本固有の領土だ」と言って、口一つで取れるものなら取ってみてほしいと思います。

こんなことは、なかなか言えるものではないでしょう。しかし、中国は、そういうことを言っているのです。

さらに、中国は、南沙《なんさ》諸島や西沙《せいさ》諸島など、あのあたりにもどんどん基地をつくっています。自分たちが領有権を主張しているところは軍事基地化しているのです。それを〝やってのける〟というわけですが、これが独裁《どくさい》国家の本質《ほんしつ》でしょう。要するに、反対する人がいないのです。反対したら粛清《しゅくせい》され、家族ごと消されてしまうので、誰《だれ》も反対することなどできません。全人代《ぜんじんだい》（全国人民代表大会）という、議会のようなものをやっているように見えますが、これは〝シャンシャンパーティー〟なので、反対する人などいないのです。こういう怖《こわ》さがあるので、よく考えなければいけないでしょう。

やはり、沖縄が〝口一つで取られる〟というようなことは、許《ゆる》すべきではないと思います。私は、沖縄の人たちを愛しているから、もし、妥協《だきょう》的に、「海兵隊を鹿児島県の孤島に移すからいいだろう」などという話が出たとしても、「よく考えなさいよ」と言いたいのです。「それは、沖縄が取られていく歴史ですよ。次は必《かなら》ず取られます。そういうことをしたあとに、アメリカが、本当に命懸《いのちが》けで戦って、護《まも》ってくれると思っているのですか」と言わざるをえないでしょう。

外交というのは、そんなものではないのです。やはり、一体でなければ戦うことなどできません。

もし、共和党《きょうわとう》のトランプ氏《し》が次のアメリカ大統領になったとしたら、日本には相応《そうおう》の自衛力を求《もと》めてくるはずです。また、民主党のヒラリー氏が大統領になったとしても、口では日本を護ると言いながら、中国との経済的利益を守るために、実戦では戦わない方向を選《えら》ぶでしょう。

そうなると、強い欲望《よくぼう》を持ったところが、それを現実化していくのが事実であろうと思うのです。

5 「日本よ、目覚《めざ》めよ」

戦後《せんご》、宗教心《しゅうきょうしん》を失《うしな》ってきた日本

私たち日本人は、戦後《せんご》、七十年以上《いじょう》を生きてきましたが、それは、経済《けいざい》的にも発展《はってん》した、平和なよい時代だったと思います。ただ、残念《ざんねん》なのは、その間に宗教《しゅうきょう》心《しん》を失《うしな》ったことです。

最近《さいきん》でも、『寺院消滅《しょうめつ》』や、『宗教消滅』といった、つまらない本が出ていますが、確《たし》かに、宗教は衰退《すいたい》していっています。いろいろな宗教が潰《つぶ》れかかっていて、寺院の数も減《へ》り、お寺を守る人もいなくなってきました。

要《よう》するに、信仰心《しんこうしん》がなくなっているのです。あの世を信じず、神様も仏様《ほとけ》も信じない人が増《ふ》えてきました。この世での生命を有限《ゆうげん》だと思い、それだけを守り抜《ぬ》いている人、「病気が治《なお》り、食べ物が豊《ゆた》かで、住むところがあったらよい」と思うような人が大勢《おおぜい》いるのです。

また、マスコミでは、東日本大震災《だいしんさい》で亡《な》くなった二万人近くの人たちに対して向けられた、「慰霊《いれい》の祈《いの》り」というような言葉が溢《あふ》れています。しかし、その言葉の意味が、本当に分かっているのでしょうか。

「慰霊の祈り」が分かるには、霊魂《れいこん》の存在《そんざい》や、神仏《しんぶつ》の存在、霊界《れいかい》の存在を分かっていなければいけないはずです。私たちは、そういう世界の存在を肯定《こうてい》した上で意見を述《の》べているのです。決して、「命なんか惜《お》しくない」ということで戦争《せんそう》をすることを勧《すす》めているわけではありません。「この世での生き方が、あの世での生き方をも決める」ということを述べた上で、日本国民《こくみん》の多くの命が尊《とうと》く輝《かがや》くことを願《ねが》っています。一人ひとりが、他の者の手段《しゅだん》になるのではなく、自分の人生を生きることを目的として、それを正しく輝かせられることをこそ願っているのです。

それが、民主主義《しゅぎ》のいちばんよいところではないでしょうか。

すべての人のなかに神性《しんせい》・仏性《ぶっしょう》が宿っている

ただし、神様の立場から見ると、「人間に主権《しゅけん》がある」というのは、極《きわ》めて思い上がった思想でしょう。

もちろん、仏教的《ぶっきょう》な思想において、仏陀《ぶっだ》は、「一人ひとりに仏性《ぶっしょう》が宿っている」と述べてはいます。ただ、これは、「すべての人に悟《さと》りの可能性《かのうせい》がある」ということであって、「それぞれの人が仏だ」と言っているわけではないのです。あくまでも、「修行《しゅぎょう》を積《つ》み、心を澄《す》ませ、他の人々の幸福を願うことができたならば、仏への道に入ることができる。いろいろな人が、菩薩《ぼさつ》となり、仏となる道がある」と言っているわけです。

また、キリスト教では、イエスだけを神の独《ひと》り子のように言うこともありますが、その思想は間違《まちが》いです。イエスは偉《えら》い人であり、神が送りたまいし霊的指導《しどう》者《しゃ》ではありますが、ほかにも、神の言葉を伝《つた》えたり、感じ取ったり、神のために篤《あつ》い信仰を現実化《げんじつ》したりできる人はたくさんいます。

このように、私は、すべての人のなかに神性《しんせい》・仏性が宿っているものだと信じているのです。

そして、この地上においては、信仰心を持ち、自《みずか》らの利得《りとく》のためではなく、世のため人のため、また隣人愛《りんじんあい》のために、自分の利害《りがい》を度外視《どがいし》して努力《どりょく》できる人が数多く出てくることが重要だと思っています。

宗教は、それを教えている大事な大事な啓蒙機関《けいもうきかん》にほかなりません。だからこそ、宗教をバカにする戦後の風潮《ふうちょう》を許《ゆる》すことができないのです。

さらに、幸福の科学は、「宗教間対立によって、いろいろな戦争が起きるから、宗教などないほうがいいのだ」というような唯物論《ゆいぶつろん》的な思想に対して、徹底《てってい》的に、真《ま》っ向《こう》から挑《いど》んでいます。

それは、宗教が悪いのではありません。神の教えが正確《せいかく》に伝わっていないから、人々の間で争《あらそ》いが終わらないのです。

幸福の科学に課《か》せられた使命を果《は》たせ

今、新しい宗教・幸福の科学として、世界宗教になる可能性がある唯一の日本の宗教として、日本から世界に発信《はっしん》すべきものがあるのではないでしょうか。今、私たちがやらなくて、誰《だれ》がやるのですか。

私は、中国や北朝鮮《きたちょうせん》が憎《にく》いなどと言っていません。彼らは、歴史的にも、非常《ひじょう》に大事な人たちです。私は、彼らにも自由を与《あた》え、人間としての尊厳《そんげん》を与え、仏性に目覚《めざ》めてほしいと思っています。そして、仏国土《ぶっこくど》ユートピアをつくる仲間《なかま》になってほしいのです。

そのためにも、彼らが間違った価値観《かちかん》でガチガチに固《かた》まっているのならば、その殻《から》を力いっぱい打ち破《やぶ》らなければなりません。それが、私たちに課《か》せられた使命なのです。

また、私たちは、政治《せいじ》活動にも取り組んでいます。これだって利得のためなどではありません。候補者《こうほしゃ》のなかには、選挙《せんきょ》で六回も七回も落ちた人がいますが、非常につらいでしょう。大学受験《じゅけん》であっても、それだけ落ちたらたまらないと思いますが、それでもやっています。なぜならば、自分たちの利得のためではないからです。

誰かがぶつかっていかなければいけません。戦後の常識《じょうしき》を破り、国難《こくなん》を訴《うった》えなければいけないからこそ、やっているのです。

したがって、〝幽霊《ゆうれい》信者〟などやっている場合ではないでしょう。今立ち上がらなかったら、間に合わないのです。今、この思想を日本中に伝え、海外にも伝えなければ、手遅《ておく》れになってしまいます。

これは〝最終通告《つうこく》〟であって、これで本当に終わりになるかもしれません。桜島《さくらじま》も噴火《ふんか》し、阿蘇山《あそさん》も噴火しました。これが何を意味しているのか、この先に待っているものは何であるのか、よく考えてください。

東日本大震災にしても、日本国民を苦しめたくて起きたのではありません。「日本よ、目覚めよ」という警告《けいこく》が、今、降《お》りているのです。

他方、外国では、恐怖《きょうふ》によって他国を支配《しはい》しようと思っている人たちがいます。しかし、恐怖によって人を従《したが》わせることはできません。愛によってのみ、人はついてきます。そして、愛することによって、世界を変《か》えることができるのです。

幸福の科学は、そのためにつくられました。これまで三十年間活動をしてきましたが、死ぬまでやめません。どうか、最後の最後まで、私についてきてください。

あなたがたの前に立ちたるは、エル・カンターレにして、神々の主《しゅ》です。どうか、この事実を忘《わす》れないでください。

第5章

慈悲《じひ》の力に目覚《めざ》めるためには

To Awaken to the Power of Mercy

一人でも多くの人に愛《あい》の心を届《とど》けたい

1 宗教戦争《しゅうきょうせんそう》を終わらせる「究極《きゅうきょく》の答え」とは

「慈悲《じひ》」をテーマに法《ほう》を説《と》くに当たって

私はこれまで、慈悲《じひ》というテーマについては、海外では話をしたことがあるのですが、日本国内ではあまり話をしていませんでした（注。二〇一一年九月十八日、マレーシアにおいて、法話《ほうわ》“The Age of Mercy《ジ エイジ オブ マーシー》”〔慈悲の時代〕を行《おこな》った。『The Age of Mercy 慈悲の時代』〔幸福の科学出版刊〕参照）。

それはなぜかを改《あらた》めて考えるならば、幸福の科学は、できるだけ「自助努力《じじょどりょく》の精神《せいしん》」を大事にしようとするところから始まった面もあり、日本で慈悲についての話をする場合、どうしても救済《きゅうさい》される側《がわ》の立場を強調することになるのがそぐわない感じがするからかもしれません。

ただ、東日本大震災《だいしんさい》をはじめ、日本列島のあちこちで悩《なや》みの種《たね》が尽《つ》きない状況《じょうきょう》は続《つづ》いています。

実は、大震災のあと、幸福の科学の会員の方から、「こんな震災のときには、仙台《せんだい》の辺《あた》りに大きな研修所《けんしゅうじょ》があると、とても心強いので、建《た》ててもらえないでしょうか」という内容《ないよう》の手紙を何通か頂《いただ》きました。私はそれを読み、仙台正心館《しょうしんかん》の建立《こんりゅう》を即断《そくだん》したのです。「具体的な救済には間に合わないかもしれないけれども、少なくとも、精神的な灯台《とうだい》の光にはなるのではないか」と思い、やや大きめのものを建てたわけです（二〇一二年七月落慶《らっけい》）。

その力がどこまで及《およ》んでいるかについては、まだ分かりません。しかし、大悟《たいご》のとき、「イイシラセ」という言葉が臨《のぞ》んだことからも明らかなように、私の説《と》く法は、もとより、日本国民《こくみん》や世界の人類《じんるい》に対する「福音《ふくいん》」にならねばならないものだと考えています。

そういう意味で、今から三十年前、一九八六年十一月の初転法輪《しょてんぼうりん》のときに九十人足らずの人を相手に話をしたのを最初《さいしょ》にして、現在《げんざい》まで来ました（前掲『われ一人立つ。大川隆法第一声』参照）。

その当時は、本当に小さな始まりでしたし、私も、この「法輪を転じていく」ということが、どういう力を持つのかということについて、十分に予測《よそく》できずにいたかもしれません。しかし、東日本大震災が起きたころには、「仙台正心館を建てようと思えば建てられる」というぐらいまで、教団《きょうだん》としての力がついてきたのは、ありがたいことだと思います。

千数百年にわたる戦《たたか》いを続《つづ》けてきたキリスト教とイスラム教

しかしながら、日本全国、そして、海外の諸情勢《しょじょうせい》を見るにつけても、まだまだ、私たちの力がはるかに及んでいないことを感じる、今日このごろです。

本章のテーマである「慈悲の力」は、神仏《しんぶつ》からの根本的な光そのものであり、いろいろな宗教《しゅうきょう》が、これについて触《ふ》れているものです。そうであるにもかかわらず、宗教絡《がら》みでの血なまぐさいテロや戦争《せんそう》も数多く起きています。とても残念《ざんねん》な気持ちでいっぱいです。

今、ヨーロッパでは、フランスを中心に、イスラム圏《けん》の過激派《かげきは》からの攻撃《こうげき》を受けて、いきり立っていますし、また、欧米《おうべい》からの「イスラム国」への空爆《くうばく》も激《はげ》しさを増《ま》しています（発刊当時）。

何とも言えない悲しみが押《お》し寄《よ》せてきます。それは何とも言えないものです。

どちらにも言い分があることは分かります。ただ、その言い分のある者同士《どうし》を理解《りかい》させ合うことが、これほどまでに難《むずか》しいということが、残念で残念でなりません。

イスラム教は、慈悲あまねきアッラーの力が及ぶことを願《ねが》っている宗教です。

ただ、そのアッラーがいったいどこまでの人々の救済を願っているかということについては、地上において信《しん》じている人たちはそれを推《お》し量《はか》ることをできずにいるという現状があります。また、キリスト教とは、過去、三つほどの大きな十《じゅう》字軍《じぐん》の戦《たたか》いもありましたが、現代もまだ続《つづ》いているということです。

戦争の形態《けいたい》も、ずいぶん変《か》わってきました。

今は、「ドローン戦争」というものも始まり、人が乗っていない無人《むじん》の小型機《こがたき》を飛《と》ばして画面を観《み》ながら操縦《そうじゅう》し、「イスラム国」なり、あるいはパキスタンの国の一部なりを空中から攻撃したりすることが、アメリカ国内から行えるような状況にもなっています。あたかもゲーム感覚《かんかく》のごとくできるため、「人を殺《ころ》している」という実感はなかなか湧《わ》きにくいだろうと思います。実際《じっさい》に自分が殺した人の死体を見れば、非常《ひじょう》に苦しむものがあるのでしょうが、まるでゲームをしているようにしか感じられなくなる時代に入っているのです。

一方、それに反撃する側は、劇場《げきじょう》の舞台《ぶたい》に上がって銃《じゅう》を乱射《らんしゃ》したり、爆薬を体に巻《ま》いて自分もろとも爆破《ばくは》したり、さらには、空《あ》き缶《かん》のなかに爆薬を仕掛《しか》けて飛《ひ》行機《こうき》を墜落《ついらく》させたりと、同時代でありながら、非常に原始的にも見える戦い方をしています。当事者の側としては、これが必死《ひっし》の抵抗《ていこう》ではあるのでしょう。

このように、時代にずいぶん〝ずれ〟が感じられることもあって、何とも言えない悲しさがあるのですが、どこまでも終わりのない戦いだと思います。

なぜ、終わりがないのでしょうか。それは、やはり、「究極《きゅうきょく》の答え」を得《え》ていないからです。

キリスト教とイスラム教は、何ゆえに、千数百年にわたる戦いをしてきたのでしょうか。

中世後半においては、イスラム教がヨーロッパに攻《せ》め入り、神聖《しんせい》ローマ帝国《ていこく》が崩壊《ほうかい》に追い込《こ》まれるところまで行き、キリスト教のほうが風前《ふうぜん》の灯《ともしび》になった時代もあります。つまり、ヨーロッパがすべてイスラム教に変わる可能性《かのうせい》があった時代もあるのです。

しかし、その後、キリスト教国は、新教（プロテスタント）の台頭、また、産《さん》業革命《ぎょうかくめい》とともに力を盛《も》り返してきている状況であり、このままであれば、イスラム系《けい》の国々は滅《ほろ》びに至《いた》るかもしれません。

そのような流れを踏《ふ》まえると、「今後、新たなイノベーションは起きるのか」「新たな神の力は加《くわ》わるのか」「文明はどう推移《すいい》するのか」といった大きな問題が出てきていると言えるでしょう。

私たち幸福の科学は、すでにその答えを出しています。ただ、残念ながら、私たちが出した答えは、日本全国に、そして全世界に、十分に広がっているとは言えないでしょう。この点、とてもとても残念な感じがします。

2　互《たが》いを理解《りかい》し合う「愛《あい》」の教え

イスラム教にはなくて日本神道《しんとう》にあるものとは何か

「第二次大戦《たいせん》」とも「大東亜戦争《だいとうあせんそう》」ともいわれる先の大戦の時代、欧米《おうべい》の側《がわ》から見た当時の日本は、おそらく、彼らが今、空爆《くうばく》をしている「イスラム国」のように見えていたのだろうと思います。

実際《じっさい》に、その霊的《れいてき》な根源《こんげん》においては、これまでの当会の霊査《れいさ》で明らかになっているように、イスラム教と日本神道《しんとう》のルーツには似《に》たものがあることも事実です（『正義《せいぎ》の法《ほう》』『宗教《しゅうきょう》社会学概論《がいろん》』〔共に幸福の科学出版刊〕等参照）。ただ、これらの教えには、違《ちが》いが一つあります。

それでは、イスラム教にはなく、日本神道にあるものとは何でしょうか。

それは、「国を建《た》てるに当たって、武力《ぶりょく》を用いて全国統一《とういつ》をし、そして、国教を定めたというところでは、日本とイスラム教の国々は、よく似た運動形態《けいたい》を取った。しかし、日本は調和の光が大和の心をつくった。この部分が、イスラム教の国々とは根本的に違っている」ということです。

日本においては、この「調和の力」が、この国を独善《どくぜん》的なものだけに染《そ》めるのではなく、諸《しょ》外国から、いろいろな思想や学問、あるいは宗教などを取り入れる力にもなったと思われます。

その意味では、「日本の寛容《かんよう》さ」とは、そうした「調和の力」が表れたものであることを知っていなければならないのではないでしょうか。

「人間の心の狭《せま》さ」から起きる「偶像崇拝《ぐうぞうすうはい》」をめぐる問題

以前《いぜん》、仙台《せんだい》で説法《せっぽう》をしたとき、宿泊《しゅくはく》先のホテルの窓《まど》から、全長百メートルはあると思われる観音像《かんのんぞう》が見えました。そのとき、「もし、過激《かげき》なイスラム教徒《きょうと》があれを見たら、すぐに破壊《はかい》したくなるだろうな」と感じました。街中《まちなか》にあれほど巨《きょ》大《だい》な像を建てられたら、破壊したくなる人もいるかもしれません。

ただ、その「破壊したい」と思う衝動《しょうどう》のなかに、やはり、根本的な理解《りかい》の足りない面があることを知らなければならないと思うのです。

イスラム教の教えでは、「偶像崇拝《ぐうぞうすうはい》はいけない」と言われていますし、古代のユダヤ教においても、モーセによって「偶像崇拝はいけない」というような教えが説《と》かれています。しかし、はっきり言えば、そこには少々考え違いがあるのです。

本来は、「神は人間とは違うものであり、比較《ひかく》にならないほど偉大《いだい》な存在《そんざい》である。したがって、神を偶像のような形で表すと、人がそういうものだと勘違《かんちが》いして、神と人間を対等な存在のように考えてしまったり、自分と同じようなものだと思ってしまったりする恐《おそ》れがある。そのため、そういう姿《すがた》を形に表すことなく信仰《しんこう》するべきなのだ」という考えがあったと思うのです。

すなわち、神に対する畏敬《いけい》の念《ねん》から、そういう考えが出たものであったと考えてよいでしょう。

これは、仏教《ぶっきょう》においても同じです。

仏像は、大乗《だいじょう》仏教の時代にたくさんつくられるようになりましたが、仏陀《ぶっだ》の時代から五百年近くは、仏像をつくって祀《まつ》るような信仰がはっきりとあったわけではありませんでした。その代わりに、姿なき仏陀として、仏陀を法輪《ほうりん》で表したり、仏陀の足跡《あしあと》を仏足石《ぶっそくせき》というかたちで表したりしたものなどがたくさんあります。

そこには、「尊《とうと》い姿を表すのがもったいない」という考えがあったのです。

そのような、「この世ならざる偉大な力に対する畏敬の念を大事にしよう」という気持ち自体は、宗教にとっては非常《ひじょう》に重要《じゅうよう》なことです。ところが、これを形式的に捉《とら》えすぎることによって、形に表したものを次々と壊《こわ》すようになるのでは、少し考え方が違うのではないかと思います。

時代が下《くだ》れば、尊敬《そんけい》するべきものをただ心に思い浮《う》かべるだけではなく、「やはり、実際に、この目でありありと見て、感じたい」という気持ちが起きてくること自体は、不思議《ふしぎ》なことでも何でもありません。

このように、オリジナルの教えが現《あらわ》れたときに十分に説かれなかったことが、後《のち》の災《わざわ》いとなして、他宗排撃《はいげき》になったり、異質《いしつ》なものをこの地上から消し去ってしまうような動きになったりするのであれば、極《きわ》めて残念《ざんねん》なことだろうと思います。

この「人間の心の狭《せま》さ」をこそ、私たちは嘆《なげ》かねばならないのではないでしょうか。

他との違《ちが》いを違いと認《みと》め、理解《りかい》することも「愛」

幸福の科学の教えにおいて、「諸宗教の統合」ということは、大きな理念として、立宗当初《とうしょ》から掲《かか》げてきました。

私の著書《ちょしょ》『太陽の法』(幸福の科学出版刊)においても、「仏教もキリスト教も、その他の宗教も、実は、根源なるものから分かれてきたものである」ということを明確《めいかく》に説いています。

同書は、私がまだ三十歳《さい》のころの著作であるため、感性《かんせい》的なところだけは生き生きとしているものの、全体的には、まだ、稚拙《ちせつ》な部分や、細《こま》かいところまで及《およ》んでいない部分がずいぶんあり、今になって読み返してみると、少し恥《は》ずかしく思う面もあります。

ただ、「すべての宗教は根源なるものから分かれてきたものであり、唯一《ゆいいつ》のところから流れ出してきた教えであるのだということを知らなければならない。ゆえに、その違《ちが》いを強調して争《あらそ》い合うのではなく、もっとお互《たが》いに知り合い、理解《りかい》し合い、信じ合うことによって、新しいユートピア世界をつくりたい」という気持ちは、その最初《さいしょ》のころの理論書から、脈々《みゃくみゃく》と出続《でつづ》けていると思います。

私は、今、そうした、大きな世界宗教の違いを埋《う》めようとするだけではなく、諸学問やさまざまな考え方、人間の活動すべてにおいて、「神仏の意図はどうであるか」ということを解明しようとしていますし、いろいろな民族《みんぞく》の違いについて、さらには、「宇宙《うちゅう》には、人類《じんるい》とは違う生命体も存在するのだ」ということまで言い始めています。つまり、「人種《じんしゅ》の違いや宗教の違い、文化の違いの背景《はいけい》には、宇宙的な意味においても違いがある場合がある」ということも言っているわけです。

そういう違いがあることを承知《しょうち》の上で、この地球という魂修行《たましいしゅぎょう》の場に、みな同時に生まれ、さまざまな環境《かんきょう》に揉《も》まれながら、新しい生活様式、文明、文化、哲学《てつがく》、考え方といったものをつくろうとしています。「地球人として正しいのは、どういう考え方なのか。どのように生きることが、地球人としての正しい価値秩《かちちつ》序《じょ》なのか。道徳《どうとく》なのか。宗教なのか」ということをつくるために、いろいろなものが入ってきているのです。

それは、決して、人類に混乱《こんらん》を起こすためではありません。お互いの違いを知ることによって、逆《ぎゃく》に、新たな可能性《かのうせい》に気づいてもらうためでもあったのです。他との違いがあることを知ることによって、自分にはまだ変化《へんか》する余地《よち》があることを知ってほしいのです。

それぞれの宗教に違いがあったとしても、それが「他の宗教を滅《ほろ》ぼす」ということになるのではなく、「他の宗教にあって、自分の宗教にないものがあったならば、それが何かを突《つ》き詰《つ》めて考える。そして、変《か》えていくべきものは変え、人間性を向上させる力を高めていくように努力《どりょく》しよう」ということを言っています。

最初から、すべてが完全《かんぜん》に、一律《いちりつ》にできたわけではありません。あなたがた人間すべてが、ロボット工場で一律につくられたわけではないということです。さまざまな意図を持ち、いろいろな目的を持って生まれてきているため、人間それぞれの「人生の目的と使命」に違いがあるのです。

「違いを違いとして認《みと》め、他を理解すること。これもまた愛《あい》なのだ」ということを、私は述《の》べています。

人を愛せないのは、その人のことが理解できないからです。相手を理解することができたら、それは、「愛した」ということと同じなのです。理解できないから憎《にく》しみ合い、理解できないから攻撃《こうげき》し、理解できないから排斥《はいせき》し、理解できないから「憎悪《ぞうお》の連鎖《れんさ》」が止まらないのです。

したがって、その「憎悪の連鎖」が止まらないことを、当然《とうぜん》のことと考えてはなりません。「憎悪の連鎖」を増幅《ぞうふく》させてはならないのです。

そうではなく、自分たちがいかに他の者の考え方に対して無理解《むりかい》であるかということを知ったならば、一歩でも二歩でも、お互いに理解できるように歩み寄《よ》ることが大事ではないでしょうか。

3 「知る」ことが「救《すく》い」につながる

それぞれの人の「福音《ふくいん》」になるよう、教えを出し続《つづ》ける

幸福の科学は、この世に混乱《こんらん》を起こすためにつくられたものではありません。

そうした違《ちが》いを説明《せつめい》し、理解《りかい》させ、調和させ、大いなる新たなユートピアをつくるために設立《せつりつ》されたものです。

二〇一六年は、私の大悟《たいご》三十五周年《しゅうねん》、幸福の科学立宗《りっしゅう》三十周年、宗教法人《ほうじん》化二十五周年という、一つの節目《ふしめ》を迎《むか》えた年でもありました。

信者《しんじゃ》のみなさんも頑張《がんば》ってくださいました。私も、ささやかではありながらも、小さな小さなレンガを積《つ》み重ねるように仕事をしてきました。

二〇一六年の七月に行《おこな》った御生誕祭《ごせいたんさい》（「地球を救《すく》う光」）では、二千五百回目の説法《せっぽう》であることを発表しました。また、その前年の十一月には、私の二千冊《さつ》目の著書《ちょしょ》『正義《せいぎ》の法』の発刊記念《はっかんきねん》の会合（東京・如水《じょすい》会館で開催《かいさい》の「大川隆法著作シリーズ2000書突破《とっぱ》記念パーティー」）を行いました（注。二〇二三年十月現《げん》在《ざい》、説法回数は三千五百回以上、著作は三千百五十書以上）。

一言《ひとこと》に「二千冊」と言っても、膨大《ぼうだい》な数なので、多くの人にとっては読み切れないということも分かっています。しかし、これは、一人の頭に二千冊の内容《ないよう》を詰《つ》め込《こ》もうとして書いているわけではありません。人によって、いろいろな教えを必要《ひつよう》としているから出しているのです。

「先生、そんなにたくさん出さなくてもいいですよ」と言う人もいるでしょう。「一年に一冊で、もう十分です」と思う気持ちもよく分かります。

ただ、それだけでは足りないのです。「法シリーズ」など、中心的な教えになるものはもちろんのこと、それを補完《ほかん》する教えや、それらとは直接関係《ちょくせつかんけい》がなくても、今、各人《かくじん》にとって必要な教えがさまざまにあるので、それぞれの人にとって、少しでも「福音《ふくいん》」になる教えがあればよいと思い、出し続《つづ》けているわけです。

今、幸福の科学の教団運営《きょうだんうんえい》も、難《むずか》しい局面に差《さ》し掛《か》かっています。会全体が同じ目標《もくひょう》に向かって、同じようには行動できないほどの大きさになりつつあります。

幸福の科学の教えは、さまざまな人に対する「救いの糸」

例《たと》えば、難病《なんびょう》の原因《げんいん》を解明し、その病《やまい》を治《なお》したくて、幸福の科学に入っている人もいるのですが、そうであるにもかかわらず、選挙《せんきょ》運動をするように誘《さそ》われたりすることもあります。あるいは、周《まわ》りには、「自分は何星人だろうか？」と考えているような人もいるわけです。

このように、当会は今、さまざまな方向に進んでいっており、「何をしているのかが分からなくなるような現象《げんしょう》」が、あちらこちらで起きています。そのため、教団全体の力が活《い》かし切れていない面もあるかもしれません。

しかし、それも一つのあり方でしょう。言ってみれば、「自分はいろいろな考え方や多様性のなかにあり、そのなかで、自分自身の小舟《こぶね》を漕《こ》いでいく方向を模《も》索《さく》している」ということです。

また、そういう立場を知っていたら、小さな考え方から全体主義《ぜんたいしゅぎ》的な運動にになって、ほかのものをすべて排斥《はいせき》したり、押《お》しのけたり、滅《ほろ》ぼしたりするようなことにはならないはずです。そういう意味でも、大事なことではないでしょうか。

やはり、「いろいろな教えがある」ということは、みなさんの迷《まよ》いの種《たね》になるのではなく、「さまざまな人に対する『救《すく》いの糸』が、今、次々と繰《く》り出されているのだ」と理解してください。

教えのなかには、日本国内の人には直接関係がなくても、海外の人には関係があるものもあるのです。

また、私の本は、日本人には「宗教の書」であっても、海外の人には「国づくりの書」として読めるものもあります。あるいは、「戦争《せんそう》の連鎖《れんさ》を止《と》めるための法」として読む人もいるのです。

宗教間の対立は、「教えが足りない」ために起きている

当会の教えを学んでいると、どうしても理解ができない相手に対して、「ああ、あの人は、よその星から来たのだろう。星が違えば、しかたがない」などと思う人もいるでしょう。それも一つの「心の安らぎ」かもしれません。

ただ、もといた星が違っても、今は、地球というところで、同じ地球人として、一つの文明実験《じっけん》をしているわけです。

また、同じ地球のなかでも、国や国籍《こくせき》が違えば、あるいは、国の宗教や政治制《せいじせい》度《ど》が違えば、数十年を経《へ》て、人間はもとの考えとは違うように育ってくることがあります。そういう理由で、国籍を違《たが》えて生まれ変《か》わることがあるわけです。

なお、このあたりの「転生輪廻《てんしょうりんね》の秘密《ひみつ》」について、私は数多く説《と》いています。

ところが、『聖書《せいしょ》』には転生輪廻が明確《めいかく》に説かれていないので、キリスト教圏《けん》

の人たちは、転生輪廻の教えを説いていると聞いただけで、「異端《いたん》だ。それを信じてはいけない」と萎縮《いしゅく》することがあるのです。要《よう》するに、「教えが足りない」ために、こういうことが起きるのでしょう。

しかし、「イエス・キリスト自身が、あの世からこの世に生まれてくる仕組みを知らない」などということはありません。単《たん》に、現在まで伝《つた》えられている教えのなかに、転生輪廻の部分が十分に遺《のこ》っていないだけなのです。

ところが、現代の聖職者《せいしょくしゃ》たちは、それについて解釈《かいしゃく》できないために、転生輪廻の教えを説いただけで、「これは異端だ。邪説《じゃせつ》だ」「過去《かこ》、異端裁判《さいばん》で滅ぼされた宗教と同じではないか」と考えてしまいます。

さらに、キリスト教は、イスラム教に対しても、「邪教だ」と考えているでしょう。

一方、当会で「ムハンマドの霊言《れいげん》」を録《と》ってみると、ムハンマドは、キリスト教に対して、「悪魔《あくま》の教えだ」と言っています（『ムハンマドよ、パリは燃《も》えているか。──表現の自由vs.イスラム的信仰──』〔幸福の科学出版刊〕参照）。

このくらい激《はげ》しいわけで、ディスカッションと考えればそれまでですが、「現実に、刀を持って倒《たお》せ」と言ったら、実際《じっさい》は大変《たいへん》なことになるかもしれません。

とにかく、「議論《ぎろん》としては、いろいろなものがあってもよいけれども、これを受け止めるだけの器《うつわ》をつくらなくてはいけないのだ」ということです。

「知っている」ということは一つの「判断材料《はんだんざいりょう》」

今、私の本は、いろいろな国の言葉に翻訳《ほんやく》されて出ていますが、これは大事なことでしょう。

「知っている」ということは、一つの判断材料《はんだんざいりょう》であり、「そんな考え方があるのか」と思っただけでも、踏《ふ》み止《とど》まることはあるのです。これを大事に大事にしていただきたいと思います。

当教団としては、本当に利益《りえき》を度外視《どがいし》して、二十八言語に翻訳し（二〇二三年十月時点で四十一言語）、いろいろな本を出していますけれども、実際上、経済《けいざい》レベルの低《ひく》い国においては、お金など取れるような状況《じょうきょう》ではありません。そのため、現実には、教科書の無償配布《むしょうはいふ》に近い状態《じょうたい》になっています。

しかし、私の本には、「そんなことがあるのか！」という感じで、「初《はじ》めて知る事実」がたくさんあるので、やはり啓蒙《けいもう》は必要《ひつよう》なのです。

今、お互《たが》いに分からない者同士《どうし》で喧嘩《けんか》をし合っているような状況が、世界のあちらでもこちらでも起きています。われわれは、それを放置《ほうち》しておくことができないのです。

もちろん、当会の本のなかには、自分にとって直接、関係がないものもあるとは思います。例えば、「ファッションの秘密」について書かれた本があっても

（『ファッション・センスの磨《みが》き方』〔幸福の科学出版刊〕）、「読みたくもない」という人はいるでしょう。ところが、それによって救われる人がいることも事実なのです。

あるいは、「心の力で病気が治る」という内容の本もありますが（『病気カルマ・リーディング』〔幸福の科学出版刊〕等）、「うちは病院だから、そんなものは絶対《ぜったい》に読みたくない！」という人もいるかもしれません。

しかし、老人福祉《ろうじんふくし》や病気の治療《ちりょう》のために、湯水のごとく税金《ぜいきん》が使われているわけで、これには唯物論《ゆいぶつろん》的な思考がかなり蔓延《まんえん》している影響《えいきょう》が出ていると思います。

それに対し、「自分が病気をつくっている面もあるのだ」と知ることによって、自分自身が快方《かいほう》に向かっていく力をつけることも可能《かのう》になるのです。

これは非常《ひじょう》に大事な考えでしょう。今後、超高齢《ちょうこうれい》社会に入っていくにしても、ベッドの上で救済《きゅうさい》を待つ側《がわ》の人ばかりが増《ふ》えていくこと自体、必《かなら》ずしもよいわけではないのです。

4　自《みずか》らの内に眠《ねむ》る「慈悲《じひ》の力」に目覚《めざ》めよ

『死とは何か』を知ること」は、なぜ大事なのか

そして、最後《さいご》に、すべての人に共通《きょうつう》する疑問《ぎもん》があります。これは、どんな人にも、どの国の人にも当てはまることであり、本章のテーマである「慈悲《じひ》」にも関《かん》係《けい》することでしょう。

その疑問とは、「死とは何か」ということです。

百歳《さい》を超《こ》えて生きる人もいますが、いくら頑張《がんば》ったところで、誰《だれ》も死を迎《むか》えることからは逃《のが》れられません。「百六十歳まで生きる」と言っていた松下幸之助《まつしたこうのすけ》さ

んであっても、そこまでは生きられず、九十四歳で亡《な》くなりました。やはり、寿《じゅ》命《みょう》を延《の》ばすにしても限界《げんかい》はあるのです。

したがって、「死とは何か」、つまり、「この世を去るとは、どういうことなのか」を知っておくことは非常《ひじょう》に大事になります。なぜなら、これを早く知っておくことが、「残《のこ》された人生を、どう生きるか」に大きくかかわってくるからです。

ところが、大多数の人たちは、この世を去るときに、自分の家族や職場《しょくば》、友達《ともだち》、知り合い以外《いがい》の世界を知りません。そのため、「こうした世界に留《とど》まりたい」と思うのですが、これが、さまざまな悩《なや》みや苦しみを生むのです。

やはり、霊的《れいてき》世界についての知識《ちしき》をまったく持っていない人が死んだ場合、家族のあたりにいるしかないので、家のなかをウロウロしていたりします。あるいは、友達のところに行ったり、お祖父《じい》さんやお祖母《ばあ》さんのところに行ったり、会社の同僚《どうりょう》のところに出たりするわけですが、このあたりを何年も何十年も、グルグルしているのです。

プロの宗教家《しゅうきょうか》に求《もと》められる「救済《きゅうさい》の力」とは

もちろん、法要《ほうよう》の際《さい》、お坊《ぼう》さんが真理を知っていれば大丈夫《だいじょうぶ》でしょう。亡くなった当人に対し、あるいは、家族、親族に対して、きちんと死後の世界について説明《せつめい》ができ、引導《いんどう》を渡《わた》すことができれば、救《すく》われることはあります。しかし、今のお坊さんには、それだけの力がありません。

例《たと》えば、東日本大震災《だいしんさい》のあと、東北で、お坊さんたちが「坊主《ぼうず》カフェ」などをいろいろとやり、コーヒーをタダで出したりしていました。それは、親切で、よいことですし、少しは心の安らぎになるとは思います。

ただ、「坊主なら坊主らしく、きちんと、あの世の話をせよ!」「あの世の話から逃《に》げるような坊主は駄目《だめ》だ!」と、私は思うのです。

あの世の話から逃げて、この世の話だけで済《す》ませることは、仏教《ぶっきょう》にもキリスト教にもあるかもしれません。しかし、「逃げている人は、プロフェッショナルとしては駄目だ。ちゃんと立ち向かえ！　『人間は死んだらどうなるのか』『神様・仏《ほとけ》様はいったい何をしているのか』という問いに答えられなかったら、プロとしては失格《しっかく》だ」と言わなくてはいけないでしょう。やはり、こういうことを、きっちりと教えるべきだと思うのです。

気の毒《どく》ではあるけれども、「死んで、あの世があるのやら、ないのやら分からない」「死んで、魂《たましい》があるかないか分からない」「何のためにやっているのか分からない」「お寺の存続《そんぞく》のためだけにやっている」ということでは邪道《じゃどう》であって、本当の宗教《しゅうきょう》ではありません。

こういうところはたくさんあると思いますが、それでは駄目なのです。本当の意味で人を救えなかったら宗教ではないでしょう。

その教えを聴《き》いて、死後、迷《まよ》っている人たちが立ち直り、還《かえ》るべきところに還れなかったら、それは、やはり本物ではないのです。

そして、還るべきところにまっすぐに還すためには、まず、この世に生きているうちに真理を理解《りかい》してもらうことが大事になります。

もし、それができなければ、今、生きている人たち、つまり、亡くなった方の家族や親族、友人その他、いろいろな方々に理解してもらい、間接的《かんせつ》にでも構《かま》わないので、それを思いとして届《とど》けることでしょう。それが、何よりの供養《くよう》であるし、法要であるのです。

やはり、真理を知らずに唯物論《ゆいぶつろん》的に生き、あるいは、快楽《かいらく》説だけに基《もと》づいて生きた人が、「洪水《こうずい》一発」「津波《つなみ》一発」で一瞬《いっしゅん》にして命を奪《うば》われた場合、自分はどうしたのか、どこにいるのか、何をしたらよいのか、周《まわ》りの人が何をしているのか、さっぱり分からなくなってしまいます。

例えば、私の講演会《こうえんかい》の会場に、亡くなられたみなさんのご親族が霊として来て、空中から見ていたとしても、だいたい、「これは何だろう？　結婚式《けっこんしき》か何かだろうか」という感じにしか見えないのです。

しかし、そういうことではいけません。これは、人間としての尊厳《そんげん》、魂の尊厳にかかわることなのです。

やはり、自分自身が何者であって、どのように生きるべきであるかを知っていること、さらに、生きたあとどうすべきであるかを知っていることは、人間が人間であるための条件《じょうけん》の一つでしょう。それは、人間らしく生きるための条件の一つなのです。

地獄《じごく》の阿修羅界《あしゅらかい》や畜生道《ちくしょうどう》に堕《お》ちないためには

また、本章のテーマである「慈悲の力」とは、「慈《いつく》しみの力」「人を慈しむことができる力」のことですが、あの世でも、こうした力を持っていることが、とても大切です。

というのも、あの世にはいろいろな世界があって、そのなかには地獄《じごく》と呼《よ》ばれる世界があるからです。例えば、阿修羅界《あしゅらかい》という闘争《とうそう》と破壊《はかい》、戦争《せんそう》の世界もあります。あるいは、動物界や畜生道《ちくしょうどう》といって、人間であるにもかかわらず、動物のような生き方をし、動物の姿《すがた》に変《か》わってしまった人たちが住んでいる世界もあるのです。

こうした阿修羅界や畜生道に行かないためには、「慈悲の心」を持つことが必《ひつ》要《よう》になります。「慈悲の心」を持っている人は、そういう世界には行きません。

たとえて言えば、闘争と破壊の世界、あるいは動物の世界というのは、〝食い合う〟世界です。それは、お互《たが》いに相手を食い合い、獲物《えもの》として食べる世界、いつも命を狙《ねら》われて、死を恐《おそ》れて生きている世界、相手を食べることしか考えていない世界ということでしょう。

だからこそ、そういう世界に行かないためには、「慈悲の心」が大事になります。なぜなら、慈悲とは、人々の持っている悲しみを受け止め、理解し、「何とか和《やわ》らげてあげたい」と思う心だからです。

つまり、「慈悲の心」を持つことができたら、人間として、「スタートラインよりも上に上がった」ということを意味します。逆《ぎゃく》に、慈悲の心を理解できなかったら、弱肉強食《じゃくにくきょうしょく》の動物の世界、あるいは、今、砂漠《さばく》の地帯《ちたい》で繰《く》り広げられているような「毎日毎日、人殺《ひとごろ》しの連続《れんぞく》」という世界と同じでしょう。それは、阿修羅界そのものだと思いますが、「慈悲の心」を理解できなかったら、死後、こういう世界に還ってしまうのです。

ちなみに、イスラム関係の国から日本に来ていた十一歳の少女が、表参道《おもてさんどう》でインタビューを受けて語っている様子をテレビで観《み》ましたが、インタビューを受けている間にも、上空を何度も何度も見上げている姿が印象的《いんしょう》でした。どうやら、「軍用《ぐんよう》ドローン（無人航空機《むじんこうくうき》）が飛《と》んでいるのではないか」とチェックしていたようで、「インタビューを受けている間にも、空中から攻撃《こうげき》してくるのではないか」と思って怖《こわ》がっているわけです。

彼女《かのじょ》は、「お祖母《ばあ》さんと畑仕事をしていたときにミサイルを撃《う》ち込《こ》まれた」と言っていました。また、場合によっては、花嫁《はなよめ》行列のなかにミサイルが撃ち込まれることもあるようです。

やはり、そういう世界に生きていたら、恐怖《きょうふ》でいっぱいでしょう。もし、そこで死んだら、たいていの場合、阿修羅界に行くことになります。要するに、それ以外の世界を知らないために、恐怖が支配《しはい》する世界に行ってしまうのです。

しかし、死後、恐怖が支配する世界や弱肉強食の世界に行くようでは、人間として十分ではありません。

この世に競争《きょうそう》の世界があるのはなぜか

確《たし》かに、この世には競争《きょうそう》の世界があります。競争の世界は、見方によっては弱肉強食の世界に見えるでしょう。

しかし、人間が人間であるのは、単《たん》に、「他の者や他の会社など、こういうものを倒《たお》して、自分のところだけが生き延び、楽ができればよい。利益《りえき》をあげればよい」ということだけではないからです。そういう点で、動物の世界と同じではありません。

もし、ほかの会社が発展《はってん》していても、「自分も、もっとよいものをつくって、世の中のために尽《つ》くそう」という気持ちを持つことが大切です。「ほかのものを倒して、その売上を全部奪ってしまおう」というような考え方を持っていたら、会社自体が、動物の世界と同じ弱肉強食の世界になってしまいます。

したがって、「慈悲の心」を持たねばなりません。それが生かし合いの世界、お互いに生かす世界なのです。

例えば、個人《こじん》においても、受験《じゅけん》競争などがあれば、自分より勉強のできる者を恨《うら》んだり、妬《ねた》んだりすることもあるかもしれません。あるいは、勉強のできる者は、勉強のできない者たちを、軽蔑《けいべつ》したり、蹴落《けお》としたり、差別《さべつ》したり、「バカだ」と言ってみたり、苦しめたりすることもあるでしょう。しかし、それは狭《せま》い狭い心です。

こうした、競争のためだけの競争であってはいけません。競争に見える面があるのは、お互いに切磋琢磨《せっさたくま》するためなのです。

やはり、怠惰《たいだ》のなかにあって、この世に生まれた意味を忘《わす》れ、自分を向上させることを忘れたら、両親に対しても申し訳《わけ》ないでしょう。

むしろ、「両親がせっかく生んでくれたのだから、両親ができなかった分まで、しっかり勉強をして、よい仕事をしたい。世の中のために尽くし、困《こま》っている人たちを助けられるような立派《りっぱ》な人間になりたい」と願《ねが》ってください。そのために切磋琢磨して、お互いに少しでもいろいろなことを学び、力をつけましょう。

さらに、経済力《けいざいりょく》をつけることも大事です。経済力は、もちろん、自分がいろいろな道を拓《ひら》くための役にも立ちます。そのように、自分自身を救うこともできますが、大きな経済力になれば、他の人々をも助けていく力に必《かなら》ずなっていくのです。

例えば、私たちは、「仙台正心館《せんだいしょうしんかん》を起点として、東北地方に住む多くの人たちの悩みや苦しみを救っていきたい。そのための『光の灯台《とうだい》』にしたい」と思いました。これを建《た》てるためには、十数億円《おくえん》というお金がかかっていますが、それだけの浄財《じょうざい》が集まるということは、全国から数多くの寄進《きしん》があったわけです。

その寄進を無駄にはしたくありません。その資金《しきん》の力を、多くの人々を助けていくための力としたいのです。

「正しい教え」を一人でも多くの人に届《とど》ける

そして、今の時代であればこそ、私たちは、パンを配ったり牛乳《ぎゅうにゅう》を配ったりということはしてはいません。なぜなら、人々がいちばん欲《ほっ》しているものは、「正しい教え」だからです。

「人間とは、何ですか」「どこから来て、どこへ行くのですか」「死とは何ですか」「死んだら、どうなるのですか」「死んで苦しみがあるならば、どうしたら、そこから救われるのですか」「死後、立派な姿になって、人々を導《みちび》けるようになるには、どうしたらよいのですか」

こういう根本的なことに答えてくれる教えが、今、日本に必要であるし、世界にも必要なのです。

だからこそ、この教団《きょうだん》は、もう一段《いちだん》、大きくなる必要があります。やはり、世界の人々に手を差し伸《の》べるところまで力を持たねばなりません。

私たちは、自分たちの利得《りとく》や利益、名誉《めいよ》のためだけに活動しているのではないのです。

例えば、私は、二〇一四年に、百八十回以上の説法《せっぽう》をしました。自分でも、「バカげている」と思うぐらいの数です。みなさんも、二日に一回説法をされたら、そのすべてを聴くのは大変《たいへん》なことでしょう。私であっても、そう思います。

しかし、説法をしている私自身も、「年に百八十回もやったら死ぬのではないか」「もし、早死にしたら申し訳ない」と思いながらやっているのです。

そして、もし早死にして説き残《と》したことがあった場合、私も〝不成仏《ふじょうぶつ》〟になる可能性《かのうせい》があるので、「言うべきことは、できるだけ早く言っておきたい」と思ってやっています。

「不惜身命《ふしゃくしんみょう》」は、言葉だけではありません。

一人でも多くの人に、法を届《とど》けたい。

一人でも多くの人に教えを届けたい。

一人でも多くの人に愛《あい》の心を届けたい。

その実践行為《じっせんこうい》こそが、慈悲の力なのです。

みなさんのなかに眠《ねむ》っている、その「慈悲の力」に目覚《めざ》めてください。

多くの人たちが待っています。その愛の光が、日本中に、そして世界に届くことを、心の底《そこ》よりお祈《いの》り申し上げます。

「テロ」と「革命《かくめい》」の違《ちが》い

キリスト教とイスラム教における「十字軍戦争《じゅうじぐんせんそう》」は、もう結構《けっこう》です。キリスト教の成立《せいりつ》にも、私はかかわりました。天上界《てんじょうかい》から、明らかに、ユダヤの地におけるイエス・キリストを指導《しどう》しました。

また、その同じ私が、その六百数十年後、サウジアラビアの地において天上界からムハンマドを指導したのです。私の生み落とした宗教《しゅうきょう》が千年以上《いじょう》も憎《にく》しみを持って戦《たたか》い続《つづ》けているのは、見るに堪《た》えません。

ならば、どうするか。それは、彼らに共通《きょうつう》の理解《りかい》の基盤《きばん》をつくることと、そして、その教えを説《と》くことです。それが次の目標《もくひょう》であってよいはずだと思います。

仏教《ぶっきょう》においても、「慈悲《じひ》」と「救済《きゅうさい》」、そして、「信仰《しんこう》の大切さ」が説かれました。その思想の多くは、東洋の土壌《どじょう》や文化的な考え方の基礎《きそ》をつくっているでしょう。

「慈悲」とは、自分と同じものを他の者のなかに見つける「愛《あい》の心」です。他の人々のなかにも、神の子としてのダイヤモンドが光っていること、また、仏の子として、努力《どりょく》による「悟《さと》りの道」が用意されていることを、信じることなのです。

これが説けるのは、西洋と東洋を融合《ゆうごう》することのできる、この日本の地においてのみだと、私は考えています。

ですから、この国がしっかりとしたものになり、この国で説かれた教えが世界の隅々《すみずみ》にまで行き渡《わた》ることを心の底《そこ》より望《のぞ》んでいます。

また、「慈悲」と「愛」の宗教を信じていながら行われるテロとは別《べつ》に、「革命《かくめい》」という言葉もあります。

「テロ」と「革命」は、ある面では似《に》ていますが、別の面では似ていないところがあります。その違《ちが》いは何でしょうか。

この世において、テロリストといわれる人々の行動の多くは、「復讐《ふくしゅう》の念《ねん》」「憤《いきどお》りの念」「怒《いか》りの念」などによって支配《しはい》されています。そして、「リベンジ（報復《ほうふく》）として、多くの人々の血を流したい」と思っているのでしょう。

ただ、この考えの底には、「神は生贄《いけにえ》を求《もと》める」というような考えが横たわっているように、私には感じられます。

一方、「革命」という言葉も多義《たぎ》的に理解はされていますけれども、革命の本質《ほんしつ》は「自由の創設《そうせつ》」です。その意味で、テロとはまったく違ったものだと私は考えています。

私たちは「幸福革命」を宣《の》べています。しかし、私たちの革命は、暴力《ぼうりょく》によって成《な》し遂《と》げられるものではありません。私たちは、平和的手段《しゅだん》を使い、この世に「自由の創設」を求めているものです。

この点をどうか、ご理解いただきたいと思います。

――『地球を救《すく》う正義《せいぎ》とは何か』より

第6章

信《しん》じられる世界へ

To the World We Can Believe In

あなたにも、世界を幸福に変《か》える「光」がある

1 「幸福の革命《かくめい》」によって世界を変《か》える

「教えの発祥《はっしょう》の地」としての責任《せきにん》と義務《ぎむ》

最近を振《ふ》り返って、いちばん難《むずか》しかったのは、二〇一五年春のハッピー・サイエンス・ユニバーシティ（HSU）の開学でした。文科省《もんかしょう》の判断《はんだん》を押《お》し切って開学したわけですから、「国家 対 宗教《しゅうきょう》」の戦《たたか》いでしょう。

おそらく、いまだかつて、文科省が認可《にんか》しないのに大学を開いたところはないと思います。しかし、幸福の科学そのものが、ある種《しゅ》の共同体《きょうどうたい》になっていますし、全世界百カ国以上《いじょう》（二〇二三年十月時点で百六十九カ国）で活動している団体《だんたい》ですので、「エル・カンターレの認可があるものを、さらに認可するところはない」

と考えました。

内容的《ないよう》には、私たちが信《しん》じているとおりにやったほうが、よいものができると思います。決して、他の人々の意見を聞かないというわけではありませんが、〝認識《にんしき》の低《ひく》い人たち〟の意見を聞いて内容を劣化《れっか》させることは、学生の未来《みらい》を危《あや》うくするでしょう。そう考えて、内容には手を加《くわ》えずに、もっとよくする方向へと進みました。

これは一つのチャレンジではありますが、幸福の科学は、〝弾圧《だんあつ》〟ぐらいで、それほど簡単《かんたん》に潰《つぶ》れるような宗教ではありません。

むしろ、政府《せいふ》としては、〝国家が潰れる〟ことを心配なされたほうがよいのではないかと思います。

しかし、日本国政府が潰れても、幸福の科学は潰れません。たとえ、日本が海の底《そこ》に沈《しず》もうとも、世界百カ国以上で活躍《かつやく》している同志《どうし》たちが、この光を、未来永劫《えいごう》、掲《かか》げることを誓《ちか》ってくれています。したがって、何ら心配することはないと、私は思っているのです。

ただ、この日本の国は、幸福の科学の教えの発祥《はっしょう》の地として、大いなる責任《せきにん》と義務《ぎむ》を背負《せお》っていると考えています。この日本が、エル・カンターレ信仰《しんこう》の中心地として、可能《かのう》なところまで突《つ》き進むことが大事であると感じているのです。

なお、ささやかではありますが、二〇一五年は私の著作《ちょさく》として、ちょうど二千書目となる『正義の法《ほう》』（前掲）を全世界で発刊《はっかん》することができました。また、ほんのわずかではありますけれども、二千四百回以上の講演《こうえん》・法話《ほうわ》等を積《つ》み上げてくることができたのです（二〇一三年十月時点で、三千五百回以上）。

恥《は》ずかしながら、思いは、まだまだ届《とど》かないレベルではありましょう。しかし、志《こころざし》は、三十五年前の大悟《たいご》、三十年前の立宗、二十五年前の宗教法人格《かく》の取《しゅ》得《とく》のときから、いささかも衰《おとろ》えてはいません。私たちは、このレベルで納得《なっとく》し、満足《まんぞく》するわけにはいかないのです。

私が、最初《さいしょ》のころより説《と》いている教えを見れば分かるでしょう。それは、天地《てんち》創造《そうぞう》からの教えです。天地創造からの教えを説ける宗教が、日本に何万もある宗教の一つとして認《みと》められるだけでよいのでしょうか。そんなはずはありません。それで許《ゆる》されるわけがないのです。

確《たし》かに、幸福の科学は、国内を見渡《みわた》せば、戦後《せんご》に生まれた宗教の一つとして、ある程度《ていど》の大きさにまでなりました。おそらく、一定の市民権《しみんけん》を得《え》つつある段階《だんかい》だと見られていることでしょう。

二〇一六年は、幸福の科学にとって大悟三十五周年《しゅうねん》、立宗三十周年に当たるだけではなく、暦《こよみ》の上では、「革命《かくめい》が起きる年」に当たります（注。陰陽《いんよう》五行《ごぎょう》道《どう》に言う六十年に一度の「丙申《ひのえさる》」の年で、「革命の年」と言われている）。そうであるならば、その革命は、われわれが起こさずして、いったい誰《だれ》が起こすというのでしょうか。

われわれは、三十年間、組織《そしき》として蓄《たくわ》えた力を発揮《はっき》し、法輪《ほうりん》を転じ、転じ、転じ、転じて、国内と全世界に、いよいよ、その存在《そんざい》を明らかにしなければならないときが来たのではないかと思うのです。

はるかなる天上界《てんじょうかい》より与《あた》えられた「世界を変えるだけの権威《けんい》」

幸福の科学の教えを、活字として読んでいるだけの人たちは、その内容を自分個人《こじん》のものとして消化しているかもしれません。しかし、書かれていることをそのとおりに受け取ったならば、ユダヤ教も、キリスト教も、仏教《ぶっきょう》も、イスラム教も、日本神道《しんとう》も、すべて幸福の科学の流れのなかに吸収《きゅうしゅう》されていくでしょう。そうした大きな大きな教えになっているのです。

そして、それが嘘《うそ》か本当かを、いよいよ実証《じっしょう》すべきときが迫《せま》ってきているのだと思います。

われわれは、この運動を、決して、自分たちの権力《けんりょく》や名誉《めいよ》のためにやっているのではありません。あるいは、多くの人たちから尊敬《そんけい》されたいがためにやっているわけでもありません。

私たちの目指す革命は、かつてよくあったような、いわゆる「暴力革命《ぼうりょくかくめい》」ではなく、「幸福の革命」です。つまり、多くの人々を幸福にしえてこそ、本当の世直しができ、「世界を変《か》ええた」と言えるのです。

今、幸福の科学では、いろいろなジャンルへの挑戦《ちょうせん》が続《つづ》いていますが、まだ、どの世界においても、最終地点までは、はるかに届いていないかもしれません。

しかし、やがて多くの人たちは知るでしょう。「今日という日が、どういう日であるか」ということを。

もし、この日本の幕張《まくはり》メッセで行われている講演（本章）が、誰によって話され、誰に向かって話されているかを、世界の人々が信じたならば、あるいは、知ることができたならば、ローマ教皇《きょうこう》でさえ、もはやその冠《かんむり》を脱《ぬ》がざるをえないでしょう。そういうところまで来ているということを、私は明言しておきたいと思います。

われわれには、まだ世界を変え切るだけの力はないかもしれません。しかしながら、われわれには、世界を変えるだけの権威《けんい》が与《あた》えられています。この権威は、この地上を離《はな》れた、はるかなる世界から与えられたものです。

『旧約聖書《きゅうやくせいしょ》』の「創世記」を読めば、「神が天と地を分けられた」と書いてあるでしょう。その神の名を「エル」といいますが、それは、「エル・カンターレ」の「エル」なのです。日本人の多くは、その内容をまだ十分には理解《りかい》していません。しかし、その大きさは、あとになるほど、はっきりと分かってくるようになるはずです。

2 「信《しん》じることができる世界」を生きるには

天地のはじめより人類《じんるい》を導《みちび》きし者の法《ほう》

私は、二〇一六年の法《ほう》シリーズとして『正義《せいぎ》の法』を発刊《はっかん》しましたが、この本は、二〇一六年以降《いこう》の日本の大きな羅針盤《らしんばん》となり、この国を導《みちび》く力となるでしょう。

しかし、ほかに「正義の法」を説《と》ける人が、今、世界にいるでしょうか。日本の首相に説けますか。最高裁長官《さいこうさいちょうかん》に説けますか。国連事務総長《こくれんじむそうちょう》ならどうですか。ローマ教皇《きょうこう》なら説けるのでしょうか。あるいは、ダライ・ラマならどうですか。誰《だれ》なら説けるというのでしょうか。

説けるのはただ一人です。私は今、世界に必要《ひつよう》なものを説いています。世界に必要なものとは、「『何が正しいか』を人々に教えること」なのです。

しかし、これは、この世的な学問の集積《しゅうせき》や仕事の積《つ》み上げで教えられるものではありません。はるかなる天上界《てんじょうかい》より、幾《いく》千年、幾万年、あるいはそれ以上《いじょう》の長い年月《ねんげつ》にわたって、人類《じんるい》を導いたる者でなければ説けない法です。決して、威張《いば》りたいのではなく、事実だから、そう述《の》べているのです。

今、世界では、いろいろな宗教《しゅうきょう》が混乱《こんらん》を起こし、一部では宗教戦争《せんそう》の様相も呈《てい》しています。また、別《べつ》なところでは、「宗教 対 無神論《むしんろん》・唯物論《ゆいぶつろん》」の戦《たたか》いも起きているでしょう。「何が真実であるか」ということが、今ほど大切なときはないのです。

もちろん、私は、紛争《ふんそう》や戦争を頭から肯定《こうてい》する者ではありません。しかしながら、そうした紛争が、「何が正しいか」が分からないために起きているのであれば、それを教えるのが私の仕事だと確信《かくしん》しています。

もし、天地のはじめより人類を導きし者が、「あなたがた人類は、この問題について、このように考えなさい。未来《みらい》の方向は、こちらにあることを知りなさい」と指し示《しめ》し、人々がそれに納得《なっとく》することができたならば、どうでしょうか。そのとき、地上的で浅《あさ》はかなる争《あらそ》いは姿《すがた》を消していくであろうと、私は思うのです。

今こそ、私たちは、「悟《さと》りの力」の霊的《れいてき》な意味を示さねばなりません。それは、この世的な学問や研究の正しさ、あるいは、近代・現代の原理としての、「疑《うたが》って疑って疑って、疑い切れないものこそが真理である」という科学やジャーナリズムの方法論を乗り越《こ》えていくものです。そのように、もう一段《いちだん》、高次元の正しさがあるということを、多くの人々に知ってもらうことが大事なのです。

その意味で、本法話《ほうわ》の内容《ないよう》は、当日、本会場や衛星中継《えいせいちゅうけい》会場に来られた方々だけに理解《りかい》してもらえばいいわけではありません。時差《じさ》はありながらも、海外で数百カ所、あるいは、それ以上の会場に中継されましたが、本来、この「信《しん》じられる世界へ」という法話は、英語《えいご》で話されるべき内容でしょう。

しかし、日本語で話された以上、日本人の信者には、とてもとても大事な仕事があるのです。

すべての物事を、この世だけで完結《かんけつ》して見てはならない

やはり、「正義《せいぎ》の法《ほう》」を立てるに当たっては、「何のために、『正義の法』を立てるのか。それを説《と》くのか」という理由が必要でしょう。

今、「正義の法」を説くのは、「信じられる世界」を建設《けんせつ》するためなのです。

私たちには、もっともっと、「信ずることができる世界」を生きる権利《けんり》があります。信じることができるものが、「目に見えるもの」「触《さわ》れるもの」「自分の肉体に関係《かんけい》するもの」だけであるというのは、あまりにも寂《さみ》しいのではないでしょ

うか。

また、宗教としてのかたちを取っていながら、内容において、宗教本来の使命を忘《わす》れたものも数多くあるわけです。例《たと》えば、イスラム系《けい》の紛争を取り上げてみても、おそらく、極《きわ》めて難《むずか》しい問題があるでしょう。

もちろん、世界の多数の支持《しじ》するところは、先進国の空爆《くうばく》によって、戦争が終《しゅう》結《けつ》することなのかもしれません。しかし、彼らはキリスト教国であるにもかかわらず、キリストの教えには従《したが》っていません。この世の人間がつくったルールに則《のっと》って攻撃《こうげき》しているのみです。

一方、攻撃されているほうは、イスラム教を信じている人々です。アッラーの神に向かって祈《いの》りを捧《ささ》げている人たちの上に、爆弾《ばくだん》やミサイルが落ちているのです。

こういう状況《じょうきょう》のなかで、「神はどう見ているのか」と考えるのは、人間として当然《とうぜん》のことでしょう。

ただし、その前提《ぜんてい》として、一つ言っておかねばならないのは、「すべての物事を、この世だけで完結《かんけつ》して見てはならない」ということです。これは、今、世界各地《かくち》の宗教において、忘れられつつある価値観《かちかん》だと思います。

要するに、この世が便利《べんり》になりすぎたのでしょう。この世が豊《ゆた》かになってきたため、キリスト教であっても、唯物的な発明や科学、実用性のある学問や仕事論などに重きを置《お》き、信仰《しんこう》は教会のなかに置かれているわけです。

世界の宗教には「時代性」と「地域《ちいき》性」の限界《げんかい》がある

一方、イスラム教にあっては、祖師《そし》であるムハンマド以下、多くの者が血を流しながら立宗した歴史《れきし》をなぞって、現在《げんざい》も原始的な戦い方を繰《く》り返しているように思います。

やはり、「いったい何を目的としているのか」ということを、もう一度、考え直さねばならないのではないでしょうか。

確《たし》かに、モーセが出《しゅつ》エジプトをなし、カナンの地に入ったときも、数多くの戦いが起きました。イエスが今のイスラエルの地を中心に活動したころにも、たくさんの血が流れています。ローマでもまた、数多くの戦いが行われたでしょう。

また、その六百年後にイスラム教が誕生《たんじょう》したわけですが、そのときにも、同じ部族同士《どうし》で激《はげ》しい戦いが起きました。さらに、新しい立宗がなされると、古い神々が取り壊《こわ》されていったのです。

そのように、いろいろなことが起きたので、地上的な現象《げんしょう》だけを見たならば、「宗教など信じないほうが、よほど幸福だ」と思う人が出てくるのは、ある程度《ていど》、しかたがないかもしれません。

ただ、私は、あえて申し上げましょう。

それらは、三千年前や二千五百年前、二千年前、千四百年前に説かれた教えなのです。神の声を聴《き》けた人がいたのは確かでしょうが、その人はあくまでも自分の立場で神の声を聴いていたということを、忘れてはなりません。

やはり、ある国の、あるいはある部族の預言者《よげんしゃ》として、また、メシアとして、神の教えを聴き、自分の立場で、要するに、自分が率《ひき》いる民《たみ》たちの利益《りえき》のために、その教えを広げたのです。そのように、「時代性」と「地域性《ちいき》」の限界《げんかい》がありました。

ところが、後《のち》に世界が大きくなり、交通が頻繁《ひんぱん》になって、通信が地球の裏側《うらがわ》まで届《とど》くようになったときに、誤解《ごかい》が生じたのです。人々は、まさか神が、「自分の部族や国民《こくみん》、民族だけのために教えを説いた」とは思わないでしょう。しかし、「われのみを神とせよ」「わが部族の神だけを信仰せよ」と言った言葉を、「わが部族、わが民族を導く神だけが本物だ。あとの神は偽物《にせもの》で、全部否定《ひてい》せよ」というように解釈《かいしゃく》している人が大勢《おおぜい》いるのです。

タイの未来《みらい》を阻《はば》む「悪魔《あくま》の考え」

やはり、その教えが説かれた「時代性」と「地域性」を見失《みうしな》ってはなりません。

例えば、インドで釈迦《しゃか》が教えを説いたのは、二千五百年から二千六百年も昔のことでした。釈迦は、ネパールに始まり、インドのガンジス川中流域を中心に伝《でん》道《どう》活動をしましたが、当時としては、中程度の規模《きぼ》の教団《きょうだん》にしかなっていないのです。要するに、歩いて行ける範囲《はんい》が、伝道の範囲だったわけで、釈迦は弟子《でし》たちを養成《ようせい》していろいろなところには送りましたが、その多くは、どこでどのようになったのか、あるいは、どこで命を失ったのかも分かりませんでした。弟子たちの伝道は、そのようなものであったのです。

それから二千年以上の歳月《さいげつ》が過《す》ぎ、日本にも、その教えの一部は伝《つた》わっています。しかし、「最初《さいしょ》のころの釈迦の教えがどうであったか」ということは、残念《ざんねん》ながら、抜《ぬ》け殻《がら》のようで、はっきりとしたことは分からないでしょう。

一方で、原始の釈迦の教えを忠実《ちゅうじつ》に反映《はんえい》しているかに見える、小乗仏教《しょうじょうぶっきょう》、あるいは上座部《じょうざぶ》仏教、テーラバーダといわれる教えが、スリランカやタイなどには今も遺《のこ》っています。タイは独立《どくりつ》を守っているため、その宗教様式も、頑《かたく》なに守っているのです。

ところが、私は過去《かこ》二回、講演《こうえん》のためにタイへ行こうとしましたが、残念ながら、二回とも行くことができませんでした（注。二〇一一年九月および二〇一三年十一月に巡錫《じゅんしゃく》の予定が入っていたが、タイの霊界事情《れいかいじじょう》等により中止になった。『比較《ひかく》宗教学から観《み》た「幸福の科学」学・入門』〔幸福の科学出版刊〕参照）。また、タイでも、私の本が翻訳《ほんやく》されていますけれども、タイの人たちは、「『仏陀再誕《ぶっださいたん》』だけは困《こま》る」と言っています。

要するに、仏教では、「諸行無常《しょぎょうむじょう》」「諸法無我《しょほうむが》」「涅槃寂静《ねはんじゃくじょう》」の三つ（三法印《さんぼういん》）を旗印《はたじるし》としていますが、小乗仏教では、最後の「涅槃寂静」について、「仏陀が悟りを開いたならば、地上的な束縛《そくばく》を取り除《のぞ》いて、涅槃の世界、ニッバーナに還《かえ》る。そして、もうこの世には帰ってこない」と説いているからです。そのため、「仏陀再誕は困るのだ」と言っているのです。

しかし、私は、タイと同じく小乗仏教の国であるスリランカで法話をした際《さい》、スリランカの人たちに、「仏陀がこの世に帰ってこなくて喜《よろこ》ぶのは、いったい誰ですか」と問いました。

「仏陀が悟りを開いたならば、二度と地上には帰ってこない。つまり、地上の人たちを指導《しどう》しない。それを喜ぶのは誰ですか。悪魔《あくま》でしょう。仏陀の教えをそのように解釈したのは、いったい誰ですか。よく考えてみなさい」と述べたわけです。

すると、講演会に来ていた一万三千人のうち、九千人以上が、幸福の科学の信者になりました（『大川隆法 スリランカ巡錫の軌跡《きせき》』〔幸福の科学出版刊〕参照）。これは、「『仏陀が地上に帰ってきてほしくない』というのは、悪魔の考えです」と私が述べたからです。

もちろん、「悟りを開き、束縛を解《と》いて、自由自在になる」というのは、仏陀の説いた教えのとおりでありましょう。霊的世界に還れば、肉体的束縛から離《はな》れて自由自在になるわけです。そして、思いがすべてになって、意志《いし》の決定するところに自分の行動があるようになります。そういう意味で、「自由自在になる」ということを、悟りの境地《きょうち》として仏陀は説いたわけです。

それについて、「涅槃（ニッバーナ）に入《い》ることによって、仏陀がどこか暗い山の洞穴《ほらあな》のなかにでも閉《と》じこもり、蓋《ふた》をされてじっとしている」とでも思っているのでしょうか。まったく恥《は》ずかしいかぎりの誤解ですが、そのようなことがあるはずがありません。それでは、地獄《じごく》の深い穴のなかに入っているのと同じことです。

やはり、地上の人たちが救済《きゅうさい》を求《もと》めても、涅槃から出てこずに、彼らを救《すく》うことができないのならば、「悟り」とは言えないでしょう。それは、絶対《ぜったい》におかしいわけで、唯物論であり、間違《まちが》った宗教論だと思います。

ここを突破《とっぱ》しなければ、タイの国に未来《みらい》は開けないはずです。

3　信仰《しんこう》とは、全身全霊《ぜんしんぜんれい》で受け止めて感じ取るもの

学問における唯物論《ゆいぶつろん》・無神論者《むしんろんしゃ》たちとの戦《たたか》い

また、『正義《せいぎ》の法《ほう》』の第1章では、次のような映画《えいが》の内容《ないよう》を取り上げました。

「キリスト教国であるアメリカの大学において、“God《ゴッド》 is《イズ》 dead《デッド》.”（神は死んだ）と書いてサインをしなければ、その科目を履修《りしゅう》できないということがあった。つまり、そうしなければ、単位《たんい》を取って、成績《せいせき》を上げ、出世を目指すこともできない。そのとき、一人のクリスチャンの学生が教授《きょうじゅ》のやり方に抵抗《ていこう》した。その学生は、『私はクリスチャンであるので、どうしても“God is dead.”とは書けません』ということで、教授とディベートをすることになった」（二〇一四年公開「神は死んだのか」〔原題“GOD'S《ゴッズ》 NOT《ノット》 DEAD《デッド》”〕）

これは、映画の話ではありますが、おそらく、アメリカにおける学問の現状《げんじょう》でもあるのでしょう。

特《とく》に、科学の分野では、キリスト教の教えを根本《こんぽん》から覆《くつがえ》すようなことが数多く起きているわけです。

例《たと》えば、宇宙《うちゅう》物理学者のスティーヴン・ホーキング博士《はかせ》は、神を否定《ひてい》しており、

「神が宇宙をクリエイトしたというのは信《しん》じられない」というようなことを言いました。

また、リチャード・ドーキンスという人は、「遺伝子《いでんし》が魂《たましい》の正体だ。DNAが、親から子、子から孫《まご》へと次々に移《うつ》っていく。このDNAの転移《てんい》こそ、魂の転生輪《てんしょうりん》廻《ね》そのものだ」というようなことを言っています。

あまりに愚《おろ》かすぎて話にならないのですが、大学では、これを信じて、このとおりに答案《とうあん》を書かなければ、成績優秀《ゆうしゅう》では卒業《そつぎょう》できないし、よいところにも就職《しゅうしょく》できないのでしょう。

たとえクリスチャンであっても、主流はそのようになってきており、そのために、あちこちで戦《たたか》いが起きているのです。

要《よう》するに、「君が教会や家庭で信じるのは結構《けっこう》です。ただ、ここは大学なので、そういう信仰《しんこう》など、証明《しょうめい》できないものは持ち込《こ》まないでください」ということなのでしょう。不可知論《ふかちろん》、あるいは無神論《むしんろん》を教えるために、最初《さいしょ》にサインをさせられたりしているわけです。

結局、現代の哲学者《てつがくしゃ》の多くが無神論者であるため、その内容を授業で教えるためには、神を否定しなければならず、それでサインをさせたりしているのだと思います。

しかし、そうまでしてA評定《ひょうてい》の成績を取ることにより、よい進学ができ、よい就職ができ、よい結婚《けっこん》ができ、よい家庭が持てたところで、最終的に幸福になれるのでしょうか。あるいは、真理に反して生きて、本当に幸福と言えるのでしょうか。神を否定するところまで傲慢《ごうまん》になっておきながら、その生活が、その科学が、その学問が、尊敬《そんけい》すべき立派《りっぱ》なものであるはずがありません。

たとえその大学が、世界の一流の「名門」といわれる大学であったとしても、間違《まちが》っているものは間違っています。嘘《うそ》は嘘です。教えてはならない限界《げんかい》があるということを、私は言っているのです。

すべては「神仏《しんぶつ》の大きな掌《てのひら》」の上にある

これは、「信仰」が後《おく》れていて、「学問」が進んでいるために起きている現象《げんしょう》ではありません。学問とは、頭脳《ずのう》の一部を動かして考えているようなものですが、信仰とは、全身全霊《ぜんしんぜんれい》で受け止めて感じ取るものです。体が、魂が、全霊が、これを受け止めて感じ取るものが、信仰なのです。

だからこそ、信仰は尊《とうと》いのです。信仰が学問をその一部として含《ふく》むことはあっても、学問のなかに小さく存在《そんざい》するものではないということを知ってください。

「諸《しょ》学問のなかにある宗教学《しゅうきょうがく》という小さな分野が扱《あつか》っているような実践《じっせん》活動が、宗教なのだ」と思っているならば、大きな間違いです。

すべては、神や仏《ほとけ》の大きな掌《てのひら》の上で動いているものにしかすぎないのです。

信仰とは、この地球も、太陽系《けい》も、銀河《ぎんが》系宇宙も、そして、それを超《こ》えた、はるかなる数限《かぎ》りない銀河も、そこで栄枯盛衰《えいこせいすい》を繰《く》り返しているたくさんの文明や、そのなかに生きとし生けるもの、さらには彼らがつくり出したるものや考えたるものの、すべてを含んでいるものなのです。

おそらく、これは霊的世界の証明よりも、さらに難《むずか》しい内容を含んでいるでしょう。

また、幸福の科学では、さまざまなかたちで、宇宙人の霊言《れいげん》や「宇宙人リーディング」を行い、公開しています（『「宇宙の法」入門』『宇宙人リーディング』〔共に幸福の科学出版刊〕等参照）。ときには、大いなる昔、何億年《おくねん》も前の出来事として、その宇宙人が地球に来る以前《いぜん》の話が出てくることもあるので、なかなか理解困難《りかいこんなん》な部分については、教団《きょうだん》内部向けに、経典《きょうてん》や映像《えいぞう》を公開しているわけです。

ただ、これらはいずれ、未来《みらい》社会において、宇宙を学ぶための最初の教科書となるでしょう。今のように、わざわざロケットを飛《と》ばして行かなければ分からないレベルでは、この大宇宙の神秘《しんぴ》を解明することは極《きわ》めて困難であるため、宇宙創世《そうせい》に遡《さかのぼ》ってお教えしているのです。

確《たし》かに、この内容が本当であるかどうか、その一部を解明するのにも、五十年から百年はかかるかもしれません。おそらく、トータルで解明できるには、千年以上の歳月《さいげつ》が必要《ひつよう》になるでしょう。つまり、そうした千年以上先の人々のためにも遺《のこ》すべき法を、私は今、説《と》いているのです。

もちろん、現代の人々に理解し切れないところもあるとは思います。しかしながら、そこを除《のぞ》いた部分に、理解でき、共鳴《きょうめい》できるものがあるはずです。そうであるならば、同様に、現代の人々には理解できないものであっても、後《のち》の世の人々には、とても重要な内容が含まれているのだと知ってください。

そして、後の世の人々のために、それを大事に大事に伝《つた》えていくことを、心のなかで強く願《ねが》ってほしいと思います。

4 「信《しん》じ切る」という最終点《さいしゅうてん》を目指せ

今、人類《じんるい》を導《みちび》きし神が生きている

今、世界を見渡《みわた》して、幸福の科学ほどアクティブ（活動的）な宗教《しゅうきょう》は見受けられません。また、アクティブであるのみならず、その内容《ないよう》において、『聖書《せいしょ》』の「創世記《そうせいき》」も、古代メソポタミアの宗教も超《こ》えています。さらには、仏教《ぶっきょう》の大いなる昔のたとえ話や、古代エジプトの宗教、ギリシャ神話をも乗り越《こ》えて、もっともっと古い起源《きげん》から、はるかなる人類《じんるい》の未来《みらい》までを指し示《しめ》しています。

したがって、私たちの羅針盤《らしんばん》は、目先のものだけを指すような小さなものではありません。

もちろん、文明の進歩についても、ありがたいことだとは思っています。日本の地から全世界に、私の話を放映《ほうえい》することができるからです。

そうであるならば、モーセや仏陀《ぶっだ》、イエス、ムハンマドのとき以上《いじょう》の奇跡《きせき》を、今、起こさなければならないのではないでしょうか。

私が悟《さと》りを開いてから三十五年になりますが、その間、私は大小さまざまなテーマを混《ま》ぜながら、法《ほう》を説《と》いてきました。そして、みなさんも、そろそろ本来の使命に取りかからねばならない地点に達《たっ》したのです。

もはや、自分一人の小さな信仰《しんこう》でとどめてはなりません。自分たちの小さな組《そ》織《しき》の範囲《はんい》内で活動していればよい段階《だんかい》は終わったのです。これからは、世界を担《にな》うつもりで活動してください。

そのために大切なのが、本章のテーマにあるように、この世界を、「信じられない世界」から、「信じられる世界」へと転換《てんかん》していくことなのです。

しかし、現代《げんだい》の医学に尋《たず》ねれば、宗教のほとんどは、「信じられない世界」のほうに入っていきます。医学的に見れば、「病気は治《なお》らない。人間はみな死ぬし、病気になるし、奇跡なんて起きない」。これが、医学のテキストでは常識《じょうしき》でしょう。

ところが、そうした常識のなかで、当教団《きょうだん》を取り巻《ま》く環境《かんきょう》では、数多くの奇跡が現在《げんざい》も起き続《つづ》けているのです。

例《たと》えば、講演《こうえん》会場で私の話を聴《き》いている人にも、「難病《なんびょう》や奇病、死に至《いた》る病《やまい》が治る」という奇跡が起きています。また、同じことは、衛星中継《えいせいちゅうけい》の会場でも起きているわけです。

さらには、「幸福の科学の講演会のチラシを受け取っただけで、身体《しんたい》に変化《へんか》が起きた」とか、「幸福の科学の映画を観《み》ただけで奇跡が起きた」とかいう報告《ほうこく》さえあります。

今、どれほど大きな力が、その背景《はいけい》に働《はたら》いているかを知ってください。まさに、“God《ゴッド》 is《イズ》 dead《デッド》.”ではなく、“God is alive《アライブ》.”なのです。神は生きています。今、働いているのです。今、みなさんの前に現《あらわ》れて、みなさんを導《みちび》いています。

あなたがたの前に立ちたるは、人間の姿《すがた》を取った「大川隆法」ではありますが、これは、神の一側面《そくめん》であることを、どうか、忘《わす》れないでほしいのです。

最《もっと》も尊《とうと》い愛《あい》は「真理を伝《つた》える」という愛

私は、たとえこの身に、いかなる弾圧《だんあつ》が臨《のぞ》もうとも、「真理は真理」「善《ぜん》は善」「正しいことは正しい」という、その信念《しんねん》を決して曲げることなく、決して膝《ひざ》を屈《くっ》するつもりはありません。

常識が間違《まちが》っているならば、その常識を打ち砕《くだ》くまでです。

では、それを、いつやるのでしょうか。今年ですか。来年ですか。五年後ですか。十年後ですか。死んでから後《のち》のことですか。

そんなことを考えている場合ではありません。あなたがた一人びとりが、心のなかに一灯《いっとう》を輝《かがや》かせる必要《ひつよう》があります。一灯を捧《ささ》げ、闇夜《やみよ》のなかを進んでいく仕事があるのです。

あなたがた一人びとりに、光が与《あた》えられています。

私から受けた光は、あなたがたに必《かなら》ず点火されているのです。

その松明《たいまつ》を頼《たよ》りに、闇夜のなかを、ただひたすらに行進してください。全世界の闇夜を照《て》らし切るまで、あなたがたの仕事に終わりは来ないのです。

この日、このとき、この夜に聴いた言葉を、どうか忘れないでください。

私は、今しばらく、あなたがたと共《とも》に、この地上にあり、この地上を照らし、法輪《ほうりん》を転ぜんとする者でありますが、わが説く法は、五百年たっても、千年たっても、二千年たっても、三千年たっても、滅《ほろ》びてはならない「永遠《えいえん》の法」であるのです。

どうか、この「永遠の法」を聴いた者として、その誇《ほこ》りを胸《むね》に刻《きざ》み、日々の生活を切り拓《ひら》いていってほしいと思います。

そして、みなさんが理解《りかい》した真理を、どうか周《まわ》りにいる人たちへ、手の届《とど》く人たちへ、声の届く人たちへ伝《つた》えてください。伝え切ってください。それが、「愛《あい》」なのです。

人々に対する愛として、いちばん尊《とうと》いものは、「真理を伝える」という愛です。真理を伝えることが、最《もっと》も尊い愛であるのです。

確《たし》かに、世界には飢《う》えている人がいるでしょう。病気で苦しんでいる人もいれば、さまざまな苦労《くろう》のなかにいる人もいるわけです。

しかしながら、そうした苦労や苦難、逆境《ぎゃっきょう》があるから、神がいないということではありません。そのような苦難のなかを、多くの人々が生きているからこそ、神は必要なのです。

そして、神は実在します。

どうか、もう一度、初心《しょしん》に戻《もど》って、信じるところから始めてください。

スタート点は、「信じる」ことです。

そして、最終点《さいしゅうてん》は、「信じ切る」ことです。

信じるところから始まって、信じ切るところが、あなたがたの最終点になります。

「信じ切った」とは、この世において、どういうことになるのでしょうか。それを、あなたがたの考えで、言葉で、行動で、示してください。

これが、本章での、あなたがたへの問いかけです。

壁《かべ》を破《やぶ》ったとき、すべてが光となる

神の正義《せいぎ》を樹立《じゅりつ》し、真なる宗教《しゅうきょう》立国を行うまで、
私たちの戦《たたか》いは終わらないのです。
二十一世紀《せいき》を率《ひき》いる若者《わかもの》たちよ。
どうか、私たちのあとに続《つづ》いてください！
みなさんに期待しています。
もうすぐ壁《かべ》は破《やぶ》れます。

山を打ち抜《ぬ》くとき、トンネル工事は必要《ひつよう》です。

トンネル工事をしているとき、
それを掘《ほ》っている人々には、自分たちの仕事が
値打《ねう》ちを生んでいるかどうかは分かりません。
無駄《むだ》な仕事をしているようにも見えます。
しかし、山を打ち抜き、トンネルが通ったときには、
それまでの無駄だと思われた努力《どりょく》が、
すべて「光」になるのです。

――『地球を救《すく》う正義《せいぎ》とは何か』より

あとがき

心の時代を生き抜くための「奇跡《きせき》の法」、
それが『伝道の法』である。
この法は「智慧《ちえ》」に裏付《うらづ》けられつつも、
「慈悲《じひ》」に満《み》ち満ちている。
目の見えている人たちに向《む》かって、
「あなたがたには真実の世界が見えていない。」
ということの難《むずか》しさよ。
疑《うたが》い続けることで、

真実にたどりつけると考えている人たちに、
「飛《と》び越《こ》えよ。」
と一言《ひとこと》いうことの難しさよ。
科学的に証明できることのみが、
学問的に正統《せいとう》だと考える人たちに、
「イデアの世界」「信仰の世界」を、
語ることの難しさよ。
自分が救世主《きゅうせいしゅ》であることを、
語り、伝えることのこの難しさよ。

二〇一六年　十二月

幸福《こうふく》の科学《かがく》グループ創始者兼総裁《そうししゃけんそうさい》

大川隆法《おおかわりゅうほう》

本書は左記の法話をとりまとめ、加筆したものです。

第1章　心の時代を生きる
二〇一五年六月七日説法
東京都・立川支部精舎

第2章　魅力ある人となるためには
二〇一三年四月二十八日説法
東京都・東京正心館

第3章　人類幸福化の原点
二〇一六年四月二十三日説法
徳島県・アスティとくしま

第4章　時代を変える奇跡の力
二〇一六年三月十三日説法
福岡県・マリンメッセ福岡

第5章　慈悲の力に目覚めるためには
二〇一五年十一月二十一日説法
宮城県・仙台正心館

第6章　信じられる世界へ
二〇一五年十二月十五日説法
千葉県・幕張メッセ

『伝道の法』関連書籍

『太陽の法』（大川隆法 著　幸福の科学出版刊）
『智慧の法』（同右）
『正義の法』（同右）
『われ一人立つ。大川隆法第一声』（同右）
『夢は叶う』（同右）
『教育の使命』（同右）
『美の伝道師の使命』（同右）
『幸福の科学の十大原理（上巻）』（同右）
『現代の正義論』（同右）
『The Age of Mercy 慈悲の時代』（同右）
『宗教社会学概論』（同右）
『ファッション・センスの磨き方』（同右）

『病気カルマ・リーディング』（同右）
『地球を救う正義とは何か』（同右）
『比較宗教学から観た「幸福の科学」学・入門』（同右）
『大川隆法 スリランカ 巡錫の軌跡』（同右）
『守護霊インタビュー ドナルド・トランプ アメリカ復活への戦略』（同右）
『北朝鮮・金正恩はなぜ「水爆実験」をしたのか』（同右）
『緊急・守護霊インタビュー　台湾新総統　蔡英文の未来戦略』（同右）
『ムハンマドよ、パリは燃えているか。――表現の自由 vs. イスラム的信仰――』（同右）
『「宇宙の法」入門』（同右）
『宇宙人リーディング』（同右）
『自民党諸君に告ぐ　福田赳夫の霊言』（大川隆法 著　ＨＳ政経塾刊）
『世界皇帝をめざす男――習近平の本心に迫る――』（大川隆法 著　幸福実現党刊）
『中国と習近平に未来はあるか』（同右）

※左記は書店では取り扱っておりません。最寄りの精舎・支部・拠点までお問い合わせください。

『目覚めたる者となるためには』（大川隆法 著　宗教法人幸福の科学刊）

『伝道の心』（同右）

『師弟の道　心の指針 第二集』（同右）

伝道《でんどう》の法《ほう》 ──人生の「真実」に目覚める時──

2017年1月1日　初版第1刷
2017年9月28日　第23刷
2023年11月15日　改版第1刷

著　者　大《おお》 川《かわ》 隆《りゅう》 法《ほう》

発行所　幸福の科学出版株式会社

〒107-0052 東京都港区赤坂2丁目10番8号
TEL(03)5573-7700
https://www.irhpress.co.jp/

印刷・製本　株式会社 堀内印刷所

落丁・乱丁本はおとりかえいたします

ISBN978-4-86395-850-0 C0014

p.20-21 Shutterstock/leungchopan ／ p.22-23 Shutterstock/SFIO CRACHO ／ p.25 aflo/ 岡田光司
p.71 Shutterstock/SONTAYA CHAISAMUTR ／ p.118-119 Shutterstock/ESB Professional
p.120-121 Shutterstock/Iakov Kalinin ／ p.188-189 Shutterstock/Stephane Bidouze
p.190-191 Shutterstock/Subbotina Anna ／ p.193 Shutterstock/EXZOZIS
p.241 Shutterstock/Kotenko Oleksandr ／ p.284-285 Shutterstock/trialhuni ／ p.286-287 Shutterstock/smatch
p.289 Shutterstock/Duet PandG ／ p.324-325 Shutterstock/iprostocks
装丁・イラスト・写真（上記・パブリックドメインを除く）© 幸福の科学

地獄の法

あなたの死後を決める「心の善悪」

どんな生き方が、死後、天国・地獄を分けるのかを明確に示した、姿を変えた『救世の法』。現代に降ろされた「救いの糸」を、あなたはつかみ取れるか？

2,200円

メシアの法

「愛」に始まり「愛」に終わる

「この世界の始まりから終わりまで、あなた方と共にいる存在、それがエル・カンターレ」──。現代のメシアが示す、本当の「善悪の価値観」と「真実の愛」。

2,200円

青銅の法

人類のルーツに目覚め、愛に生きる

限りある人生のなかで、永遠の真理をつかむ──。地球の起源と未来、宇宙の神秘、そして「愛」の持つ力が明かされる。

2,200円

正義の法

憎しみを超えて、愛を取れ

テロ事件、中東紛争、中国の軍拡──。どうすれば世界から争いがなくなるのか。あらゆる価値観の対立を超える「正義」とは何かを指し示す。

2,200円

※表示価格は税込10%です。

大川隆法ベストセラーズ・仏陀の悟りとは何か

永遠の仏陀

不滅の光、いまここに

すべての者よ、無限の向上を目指せ——。大宇宙を創造した久遠の仏が、生きとし生けるものへ託した願いとは。

1,980円

仏陀再誕

縁生の弟子たちへのメッセージ

我、再誕す。すべての弟子たちよ、目覚めよ——。2600年前、インドの地において説かれた釈迦の直説《じきせつ》金口《こんく》の教えが、現代に甦《よみがえ》る。

1,923円

大悟の法

常に仏陀と共に歩め

仏陀の「悟り」の本質に斬り込んだ、著者渾身の一冊。分かりやすく現代的に説かれた教えは人生の疑問への結論に満ち満ちている。

2,200円

悟りの挑戦（上巻・下巻）

仏教の中核理論を分かりやすく説明しつつ、仏教学・仏教系諸教団の間違いをも闡明《せんめい》にする。化石化した仏教に再び生命を与える、仏陀自身による仏教解説。

各1,923円

幸福の科学出版

大川隆法ベストセラーズ・仏国土ユートピア建設のために

自由・民主・信仰の世界

日本と世界の未来ビジョン

「自由」とは？「民主主義」とは？ そして人権の最後の砦となる「信仰」とは何か──。この一冊に、人類の未来を切り拓く鍵がある。

1,650円

大川隆法 思想の源流

ハンナ・アレントと「自由の創設」

ハンナ・アレントが提唱した「自由の創設」とは？「大川隆法の政治哲学の源流」が、ここに明かされる。著者が東京大学在学時に執筆した論文を特別収録。

1,980円

未来の法

新たなる地球世紀へ

暗い世相に負けるな！ 悲観的な自己像に縛られるな！ 心に眠る無限のパワーに目覚めよ！ 人類の未来を拓く鍵は、一人ひとりの心のなかにある。

2,200円

ユートピア創造論

人類の新たなる希望

大宇宙の秘密や霊界の神秘、宇宙人や古代文明の真実について語り、新文明への道標を示した、地球規模でのユートピア論。

1,602円

幸福の科学出版

幸福の科学グループのご案内

宗教、教育、政治、出版などの活動を通じて、地球的ユートピアの実現を目指しています。

幸福の科学

一九八六年に立宗。信仰の対象は、地球系霊団の最高大霊、主エル・カンターレ。世界百六十九カ国以上の国々に信者を持ち、全人類救済という尊い使命のもと、信者は、「愛」と「悟り」と「ユートピア建設」の教えの実践、伝道に励んでいます。

（二〇二三年十月現在）

愛

幸福の科学の「愛」とは、与える愛です。これは、仏教の慈悲《じひ》や布施《ふせ》の精神と同じことです。信者は、仏法真理をお伝えすることを通して、多くの方に幸福な人生を送っていただくための活動に励んでいます。

悟り

「悟り」とは、自らが仏の子であることを知るということです。教学《きょうがく》や精神統一によって心を磨き、智慧《ちえ》を得て悩みを解決すると共に、天使・菩薩《ぼさつ》の境地を目指し、より多くの人を救える力を身につけていきます。

ユートピア建設

私たち人間は、地上に理想世界を建設するという尊い使命を持って生まれてきています。社会の悪を押しとどめ、善を推し進めるために、信者はさまざまな活動に積極的に参加しています。

海外支援・災害支援

幸福の科学のネットワークを駆使し、世界中で被災地復興や教育の支援をしています。

毎年２万人以上の方の自殺を減らすため、全国各地でキャンペーンを展開しています。

公式サイト **withyou-hs.net**

自殺防止相談窓口

受付時間　火～土:10～18時（祝日を含む）

TEL **03-5573-7707**　メール **withyou-hs@happy-science.org**

視覚障害や聴覚障害、肢体不自由の方々と点訳・音訳・要約筆記・字幕作成・手話通訳等の各種ボランティアが手を携えて、真理の学習や集い、ボランティア養成等、様々な活動を行っています。

公式サイト **helen-hs.net**

入会のご案内

幸福の科学では、主エル・カンターレ 大川隆法総裁が説く仏法真《ぶっぽうしん》理《り》をもとに、「どうすれば幸福になれるのか、また、他の人を幸福にできるのか」を学び、実践しています。

入会

仏法真理を学んでみたい方へ

主エル・カンターレを信じ、その教えを学ぼうとする方なら、どなたでも入会できます。入会された方には、『入会版「正心法語《しょうしんほうご》」』が授与されます。

入会ご希望の方はネットからも入会申し込みができます。

happy-science.jp/joinus

三帰《さんき》誓願《せいがん》

信仰をさらに深めたい方へ

仏弟子としてさらに信仰を深めたい方は、仏《ぶっ》・法《ぽう》・僧《そう》の三宝《さんぽう》への帰依を誓う「三帰誓願式」を受けることができます。三帰誓願者には、『仏説・正心法語』『祈願文《きがんもん》①』『祈願文②』『エル・カンターレへの祈り』が授与されます。

幸福の科学 サービスセンター
TEL 03-5793-1727（受付時間／火～金:10～20時 土・日祝:10～18時（月曜を除く））

幸福の科学 公式サイト
happy-science.jp

仏法真理塾「サクセスNo.1」

全国に本校・拠点・支部校を展開する、幸福の科学による信仰教育の機関です。小学生・中学生・高校生を対象に、信仰教育・徳育にウエイトを置きつつ、将来、社会人として活躍するための学力養成にも力を注いでいます。

TEL 03-5750-0751（東京本校）

エンゼルプランV

東京本校を中心に、全国に支部教室を展開。信仰をもとに幼児の心を豊かに育む情操教育を行い、子どもの個性を伸ばして天使に育てます。

TEL 03-5750-0757（東京本校）

エンゼル精舎

乳幼児が対象の、託児型の宗教教育施設。エル・カンターレ信仰をもとに、「皆、光の子だと信じられる子」を育みます。
（※参拝施設ではありません）

不登校児支援スクール「ネバー・マインド」

TEL 03-5750-1741

心の面からのアプローチを重視して、不登校の子供たちを支援しています。

ユー・アー・エンゼル!（あなたは天使!）運動

障害児の不安や悩みに取り組み、ご両親を励まし、勇気づける、障害児支援のボランティア運動を展開しています。

一般社団法人 ユー・アー・エンゼル
TEL 03-6426-7797

NPO活動支援

いじめから子供を守ろうネットワーク

学校からのいじめ追放を目指し、さまざまな社会提言をしています。また、各地でのシンポジウムや学校への啓発ポスター掲示等に取り組む一般財団法人「いじめから子供を守ろうネットワーク」を支援しています。

公式サイト mamoro.org　ブログ blog.mamoro.org
相談窓口 TEL.03-5544-8989

幸福の科学

百歳まで生きる会～いくつになっても生涯現役～

「百歳まで生きる会」は、生涯現役人生を掲げ、友達づくり、生きがいづくりを通じ、一人ひとりの幸福と、世界のユートピア化のために、全国各地で友達の輪を広げ、地域や社会に幸福を広げていく活動を続けているシニア層（55歳以上）の集まりです。

【サービスセンター】TEL 03-5793-1727

シニア・プラン21

「百歳まで生きる会」の研修部門として、心を見つめ、新しき人生の再出発、社会貢献を目指し、セミナー等を開催しています。

【サービスセンター】TEL 03-5793-1727

幸福実現党

内憂外患《ないゆうがいかん》の国難に立ち向かうべく、2009年5月に幸福実現党を立党しました。創立者である大川隆法党総裁の精神的指導のもと、宗教だけでは解決できない問題に取り組み、幸福を具体化するための力になっています。

HS政経塾

大川隆法総裁によって創設された、「未来の日本を背負う、政界・財界で活躍するエリート養成のための社会人教育機関」です。既成の学問を超えた仏法真理を学ぶ「人生の大学院」として、理想国家建設に貢献する人材を輩出するために、2010年に開塾しました。現在、多数の市議会議員が全国各地で活躍しています。

TEL 03-6277-6029

公式サイト hs-seikei.happy-science.jp

幸福の科学出版

大川隆法総裁の仏法真理の書を中心に、ビジネス、自己啓発、小説など、さまざまなジャンルの書籍・雑誌を出版しています。他にも、映画事業、文学・学術発展のための振興事業、テレビ・ラジオ番組の提供など、幸福の科学文化を広げる事業を行っています。

アー・ユー・ハッピー?
are-you-happy.com

ザ・リバティ
the-liberty.com

幸福の科学出版
TEL **03-5573-7700**
公式サイト **irhpress.co.jp**

THE FACT

YouTubeにて随時好評配信中!

ザ・ファクト
マスコミが報道しない
「事実」を世界に伝える
ネット・オピニオン番組

ザ・ファクト 検索

NEW STAR PRODUCTION

ニュースター・プロダクション

「新時代の美」を創造する芸能プロダクションです。多くの方々に良き感化を与えられるような魅力あふれるタレントを世に送り出すべく、日々、活動しています。 公式サイト **newstarpro.co.jp**

ARI Production

ARI《アリ》 Production《プロダクション》

タレント一人ひとりの個性や魅力を引き出し、「新時代を創造するエンターテインメント」をコンセプトに、世の中に精神的価値のある作品を提供していく芸能プロダクションです。 公式サイト **aripro.co.jp**